中国工会的历史细节

Historical Details of China's Trade Unions

高志菲　王　敏　张晓莹　三　白◎著

中国工人出版社

中国工会自从诞生的那一天起，就在中国共产党领导下，开展了轰轰烈烈的工人运动，其间波澜壮阔、动人心魄、峰回路转、百折不挠，涌现出一大批的精英人才和无数可歌可泣的英雄事迹。

党的早期领导人，大多都从事过工运事业、领导过工人运动。从建党之初，到中华全国总工会成立伊始，经历了革命战争的艰难岁月，迎来了新中国的成立，再到社会主义建设、改革开放，直至今天进入新时代，在党史和工运史上写下了壮丽诗篇。

我们撷取工运浪潮中的一朵朵小小浪花，由此说明一件事：工会其实很精彩。

目　录 | Contents

一 《劳动音》的创办

《劳动音》是五四运动时期的通俗工人刊物。1920 年 11 月 7 日在北京创刊，由北京共产主义小组主办，算起来可谓是今天《劳动午报》的前身。

1920 年 10 月，北京共产主义小组在李大钊领导下正式成立。最初的成员有李大钊、张申府、张国焘，以及邓中夏、罗章龙、高君宇、何孟雄等。为了开展工人运动，他们创办了《劳动音》周刊。其宗旨为：提高工人的觉悟，促进工人的团结，推动工人运动的发展。在第一期上，邓中夏写了题为《我们为什么出版这个〈劳动音〉

⊙ 工人刊物《劳动音》

呢？》的发刊词，全文通俗易懂，节选如下：

我最亲爱的劳动同胞呀！今天是我们与各位见面的第一次……我想各位心中一定产生两个疑问，（一）就是究竟为什么我们出版这个《劳动音》呢？（二）这个《劳动音》里面的文章，又说些什么话呢？我要使各位明白我们的意思，所以第一篇文章，不得不先将这两个疑问详详细细地讲清楚，请各位且瞧下去就明白了。

我们相信"劳动"是人类生存在世界上第一个要件。因为人类是进化的，一天比一天不同，天天变动，天天进步，由旧的变为新的，由不完善的进为完善的，所以能达到这新的完善的，就是由人类"劳动"的结果，那么，我们就明白，劳动就是进化的原动力，劳动就是世界文明的根源，劳动就是增进人生的幸福，故我们出版这个《劳动音》，来提倡那神圣的"劳动主义"，以促世界文明的进步，增进人生的幸福。

……我们知道今日各国社会上都有一种最不好的现象。什么呢？就是有一种不从事劳动的人——如官吏、政客、军人、资本家、教士、警察等，他们都不去劳动，不去从事有益于人生的生产事业，专在社会上做寄生虫，把我们真正的劳动同胞所生产出来的东西，用强力来侵占了去，供他们的生活，供他们的快乐，唉！世上哪里有这样便宜、这样没道理、这样不公平的事情，我们辛辛苦苦地做来，他们安安乐乐地拿去，使我们生活困难，朝不保夕，父母妻子不能饱暖。所以我们出版这个《劳动音》，来排斥那种不劳动而食的一班人，以维持我们从事正当劳动的同胞，使得拥有满足的生活，快乐并幸福。

我们既要排斥那班不劳动而食的人，以维持我们真正劳动同胞的生活，那么，我们不可不有充足的智识和善良的方法，做我们排斥他们的利器，阶级战争的工具，所以我们出版这个《劳动音》，来阐明真理，增进一般劳动同胞的智识，研究些方法，以指导一般劳动同胞的进行，使解决这不公平的事情，改良社会的组织。

……那就是我们出版这《劳动音》的本意，我最亲爱的劳动同胞呀！你们既然明白了，我们是你们最好的朋友了，请了，第二期再见吧！祝你们努力！前进！

《劳动音》问世后，对北方工人运动起到了极大的促进作用。

二　来自列宁的感谢信

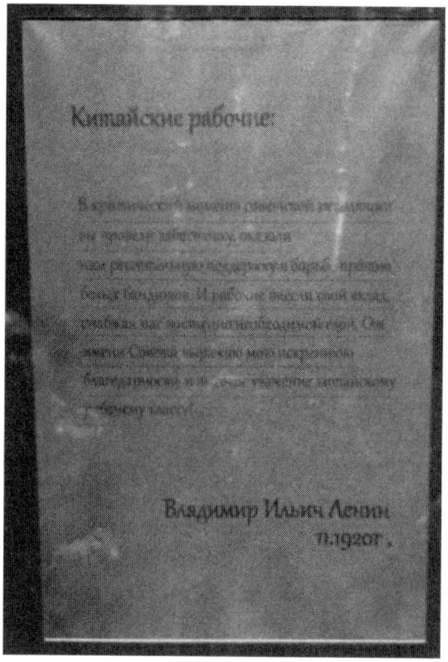

⊙ 列宁写给中国工人的感谢信

列宁虽然没来过哈尔滨，哈尔滨人也没见过列宁，但是，列宁却给哈尔滨的工人写过一封感谢信。

1920 年 11 月，苏维埃政府的外交部副部长兼驻华大使加拉罕来到哈尔滨，在地包工人俱乐部召开的大会上，代表列宁和苏维埃对中国的工人阶级所给予的无私援助表示衷心的感谢，并当场宣读了由列宁亲笔签名的感谢信。

中国的工人同志们：

你们在苏维埃革命的关键时刻举行大罢工，有力地支援了我们打击白匪的斗争。并且，工人们自行捐款，给我们运来了我们视为生命的粮食。我谨代表苏维埃向中国的工人阶级表示衷心的感谢和崇高的敬意！

——弗拉基米尔·伊里奇·列宁

加拉罕在随后的讲话中又一次脱帽鞠躬，代表列宁向中国的工人阶级表示衷心的感谢，会场上顿时掌声雷动。当时没有电影电视，人们不知道列宁的模样，加拉罕的大胡子、蓝眼睛，不高的个头，被“不明真相”的工人认作列宁，于是纷纷奔走相告前来看“列宁”。很多工人家属都围堵在俱乐部门口，里三层外三层，挤得水泄不通，渴望一睹列宁的容颜。后来才知道是个误会。

列宁之所以特别感谢中国工人，是因为在十月革命期间，俄国乌苏里铁路局的工人和游击队多次派人来哈尔滨串联，请求哈尔滨的铁路工人举行大罢工给予支援。为了切断通往俄国国内的中东铁路，哈尔滨的铁路工人先后举行了四次中东铁路全线大罢工，每一次都是中俄工人并肩战斗。

1918 年 5 月 15 日，哈尔滨铁路总工厂中俄工人发起第一次全线总罢工，抗议铁路当局纵容白俄军警残害中俄工人。1918年9月2日，中东铁路进行第二次全线工人大罢工，向铁路当局提出增加工资、取消戒严令等5条要求。罢工使中东铁路陷于瘫痪，前往俄国的国际帝国主义干涉军“因罢工之故，未得出发”。1919年7月2日，哈尔滨铁路工人配合苏俄乌苏里游击队，发动第三次中东铁路罢工，有力支援了苏俄红军打击白匪的行动。1920年3月13日，中俄铁路工人发动第四次罢工，驱逐了反动的中东铁路管理局局长霍尔瓦特。

在十月革命爆发后，资本主义国家组织干涉军疯狂镇压十月革命，并且对苏联的经济进行了破坏和封锁，导致苏联的经济处于严重困难时期。哈尔滨中东铁路三十六棚总工厂和哈尔滨地包的工人主动捐献大洋，购买了三列车粮食运到苏联境内，支援苏联人民渡过灾荒。

中国工人的英勇奋斗，有力地支援了十月革命。由此，在政局甫定之后，列宁专门向中国工人写了感谢信。其政府还先后于1919年、1920年、1923年三次发表对华宣言，郑重宣布：以前俄国政府历次同中国签订的不平等条约全部无效。

三　共产党“开门三件事”

1921 年 7 月 23 日晚，13 位行色匆匆的“客人”走进上海法租界望志路 106 号（今兴业路 76 号）一幢石库门房子。中国历史上开天辟地的一件大事在这里发生了——中国共产党第一次全国代表大会开幕。

这次会议的情况已经广为人知。然而有谁知道，共产党成立后做的第一件事是什么？答案是：建工会。

党的一大讨论通过了《中国共产党第一个纲领》（以下简称《纲领》）和《中国共产党第一个决议》（以下简称《决议》）。《纲领》共 15 条，约 700 字，确定了党的名称、奋斗目标、基本政策，提出了发展党员、建立地方和中央机构等组织制度。《决议》对建党后的工作进行了部署，明确规定中国共产党成立后的中心工作是领导、组织和推进工人运动，基本任务是“成立产业工会”，强调“党应在工会里灌输阶级斗争的精神”。

《决议》共有六部分内容，其中三部分是关于工人阶级和工会工作的，分别是第一部分（工人组织）、第三部分（工人学校）、第四部分（工会组织的研究机构），节录如下：

工人组织

本党的基本任务是成立产业工会。凡有一个以上产业部门的地方，均应组织工会；在没有大工业而只有一两个工厂的地方，可成立比较适于当地条件的工厂工会。

工人学校

因工人学校是组织产业工会过程中的一个阶段，所以，在一切产业部门均应成立这种学校，例如，应成立“运输工人预备学校”和“纺织工人预备学校”等等。

工人学校应逐渐变成工人政党的中心机构，否则，这种学校就无需存在，可予以解散或改组。

学校的基本方针是提高工人的觉悟，使他们认识到成立工会的必要。

工会组织的研究机构

成立这种机构的主要目的应为教育工人，使其在实践中能够实现共产党的思想。应特别注意组织工人工会，援助其他部门的工人运动，研究工人工会以及其他无产阶级组织的情况。

也就是说，今天的产业工会、工会干校和工会研究室

⊙ 位于上海法租界望志路 106 号（今兴业路 76 号）的中共一大会址

（所）的历史，可以追溯到中共一大，可谓源远流长。

本次大会还有一个插曲是，中国共产党成立后不久，中央机关就遭到破坏，中共一大的重要档案包括《纲领》和《决议》长期遗失，以致于党内很长时间对一大开会的时间、通过的文件都难有定论。直到新中国成立后的 1956 年，党中央才从共产国际的档案中找到了这两个文件的俄文版。1960 年，美国学者韦慕廷从哥伦比亚大学图书馆发现了中共一大代表陈公博的硕士论文《共产主义运动在中国》，论文附录中附有《纲领》《决议》的英文版。

陈公博在中共一大之后不久即脱党出国留学，后来追随汪精卫成为大汉奸。不过他的这篇论文，倒是无意中保留了党中央的重要历史文献，算是给党史作出了一点意外的贡献。

四　先声：劳动组合书记部

在中共一大召开之后一个月内，即成立了第一个公开领导工人运动的机构——中国劳动组合书记部。这个名字，是共产国际代表马林给起的，“劳动组合”（Trade Unions）即工会之意，“书记部”即秘书处的意思。书记部办公地点设在上海公共租界新闻路北成都路口19号。主任先后由张特立（张国焘）与邓中夏担任，秘书为李启汉。

中国劳动组合书记部成立宣言称：

> 中国劳动组合书记部是由上海——中国产业的中心——的一些劳动团体所发起的，是一个要把各个劳动组合都联合起来的总机关。它的事业是要发展劳动组合，向劳动者宣传组合之必要，要联合或改组已成的劳动团体，使劳动者有阶级的自觉，并要建立中国工人们与外国工人们的密切关系。但是这些事业是必须大家都来做的，所以我们请求那些已成立的劳动团体加入这个

书记部与我们共同进行。

劳动界的伙伴们呀！我们拿外国经历过的事实做比较，知道我们的事业在起步的时候，一定会遇到非常多的困难。特别是我们这个阶级的知识缺乏，是最大的困难。但是资本制度在中国日见发达，我们极相信劳动者的团体也会日见发达，日见有力；并且我们相信将来的世界一定是工人们的世界。中国的工人们呀！我们赶紧联合成劳动组合呀！

中国劳动组合书记部成立后，逐渐成为全国工人运动的总机关和领导者，在 1925 年中华全国总工会成立之前，担任了组织和领导工人斗争的重要角色，写下了中国工运史的光辉一页。

中国劳动组合书记部成立之后，相继在北京、长沙、武汉、广州、济南、上海等地设立了分部机构，将工人运动的火种播向全国各地。

北方分部。1921 年 8 月在北京成立，主任罗章龙，副主任王尽美。领导建立的主要工会组织有：长辛店工人俱乐部、津浦铁路工人俱乐部、京奉铁路唐山制造厂职工同人联合会、京绥铁路车务工人同人会、道清铁路工人俱乐部、京汉铁路总工会、正太铁路总工会等。

湖南分部。1921年8月成立于长沙，主任毛泽东，李立三、刘少奇、郭亮先后负责宣传、组织工作。领导下的主要工会组织有：湖南劳工会、安源路矿工人俱乐部、粤汉铁路新河俱乐部、长沙泥木工会、粤汉铁路总工会、株萍铁路总工会、水口山矿工人俱乐部、长沙第一纱厂工人俱乐部等。

⊙ 京汉铁路总工会迁往江岸的办公地点——京汉铁路总工会江岸办事处

武汉分部。1921年9月成立于武昌，主任包惠僧，后由林育南、项德隆（项英）继任。领导下的主要工会组织有：汉口人力车夫工会、京汉铁路江岸工人俱乐部、汉阳钢铁厂工会、武汉第一纱厂工会等。

广东分部。1921年9月在广州成立，主任谭平山，后冯菊坡继任。领导下的主要工会组织有：广州理发工会、广东土木建筑工会、油业工会等。

山东分部。1922年6月成立，后并入北方分部，主任王尽美，后由邓恩铭、王翔千接任。领导下的主要工会组织有：津浦铁路济南大槐树机车厂工人俱乐部等。

劳动组合书记部及其五处分部在中国共产党领导下，迅速把工人运动的火种散播至全国各地，一时间“扬起赤旗三百万，搅得周天火热”。

⊙ 中国劳动组合书记部旧址

五　毛泽东的第一个“改造对象”

1927年秋收起义之后，毛泽东在井冈山收编、改造了王佐、袁文才的农民武装，使之成为革命的生力军。这是毛泽东斗争艺术的神来之笔。

然而，这并不是毛泽东第一次实施“改造工程”，在此之前6年里，他就着手改造了湖南劳工会。

中国劳动组合书记部成立之后，湖南分部主任毛泽东回

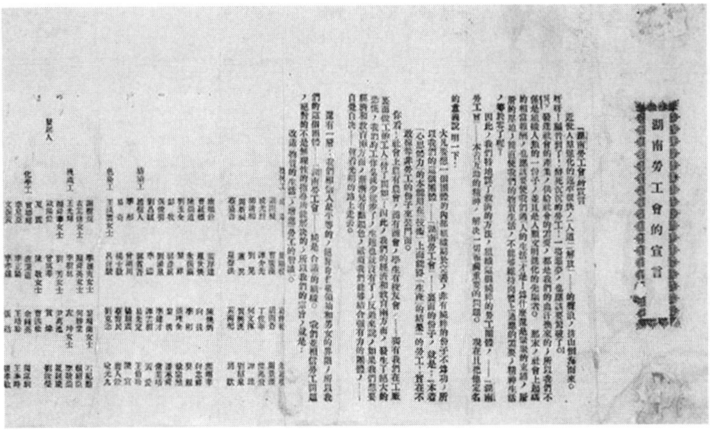
湖南勞工會的宣言

⊙ 湖南劳工会的宣言

到家乡领导工人运动，遇到的第一个问题，就是如何对待黄爱、庞人铨领导的带有无政府主义色彩的湖南劳工会。

早在 1920 年 11 月 20 日，长沙出现了一个“湖南劳工会”。创办人黄爱和庞人铨，都是湖南甲种工业学校的毕业生，他们受十月革命和无政府工团主义的影响，联络了一些工业学校的学生、工厂中的技术人员和工人，组织了这个劳工会。

黄爱骨子里有种湖南人“霸蛮”的血性，是个不怕死的主。五四运动期间，曾代表天津学联去北京新华门请愿，请愿失败后，他曾打算组织“牺牲十人团”，带着“最激烈否认北京政府”的传单到北京总统府门口散发，准备让政府抓起来枪毙，借此“掀起最激昂的群众运动，来解决中国的一切问题”，后来被劝阻，没有实行。1919 年 10 月，因为山东军阀马良镇压济南学生，他又代表天津学联去北京参加第三次请愿，因而被捕。回到长沙，又因抗议第一纱厂压迫工人而被捕入狱。出狱时，他对欢迎自己的数千学生讲演说：“现在的青年，宜多过监狱的生活，监狱多过一次，其革命的心就加深一次。”

湖南劳工会成立之初，成分相当复杂，除了工人之外，还有学校的学生、封建把头、监工之类人物。他们对待资本家和反对政府的态度固然是毫不妥协的，但由于受了无政府主义的影响，部分会员对马克思主义有一定成见。

毛泽东分析了湖南劳工会的情况后，一方面和工人群众接近，耐心说服他们，使他们认识到马克思主义的正确性，另一方面对黄爱、庞人铨进行教育，鼓励他们从事工人运动，同时，也批评他们的错误方针——没有严密组织，没有政治目标，只作经济斗争。在湖南劳工会成立周年时，毛泽东在《劳工周刊》上发表了一篇《所希望于劳工会的》文章：

> 劳工会现在已周年了，我同情于劳工会也一周年了……劳工会这一年来的艰难缔造，在湖南劳动运动史上已写完了头一页，现在要开始写第二页了。我愿这第二页上写的要大不同于第一页：材料更丰富，意义更新鲜，章法、组织更完备。

毛泽东的远见卓识和人格魅力打动了黄爱、庞人铨。黄爱对毛泽东十分钦佩，他说："润之大智若愚，我则锋芒太露。润之是将才，我不过是个过河卒子而已。"根据毛泽东的建议，湖南劳工会进行了改组，成立书记、组织、宣传（教育）三部，并请毛泽东做会务助理。对于毛泽东的"小组织大联合"的主张，黄爱、庞人铨完全赞成并接受。劳工会在后来成立了土木、机械、印刷等十几个工会。

在毛泽东的帮助与教育下，黄爱、庞人铨的政治觉悟明显提高，开始走出狭隘的经济斗争的小圈子，积极从事反帝国主义的政治斗争。1921 年底，黄爱、庞人铨加入了中国社会主义青年团。

六　李立三的三次“追悼会”

李立三是中国工会重要领导人，也是中共党史上的一位传奇人物。论功劳，他领导过安源路矿工人大罢工，发动过南昌起义，论过失，他犯过“左”倾盲动的“立三路线”错误。1917 年，毛泽东以“二十八画生”名义征友，得到三个半回音，其中一个是罗章龙，那“半个”即是李立三。

李立三一生似乎与“三”有不解之缘。他一生改过两次名字。李立三原名李隆郅，领导安源路矿工人大罢工时，毛泽东为他改名李能至。1924 年 11 月，他与邓中夏一同坐火车出行，邓中夏说：“你这个名字不好写，工人也不容易认识，改一个吧！”李立三说：“改什么呢？”这时，他们刚好看见三个人立在火车门口，邓中夏建议，说就叫立三吧。自此以后，李立三的名字就开始叫响了。

另外，他犯错误犯的都是“第三次”路线错误。罗章龙曾经总结，陈独秀有个“独”字，是第一次路线错误；瞿秋白姓有双目，算是第二次路线错误；李立三名中有“三”，

⊙ 李立三

是第三次路线错误……

新中国成立后，李立三历任中共中央工委书记，中华全国总工会副主席、党组书记，劳动部部长兼党组书记，中共中央工业交通工作部副部长等。主持制定了《中华人民共和国工会法》，1958 年亲自下工厂调查研究，提出干部参加生产，工人参加管理，领导干部、工人、技术人员三结合管理工业的思想，后毛泽东将其主要内容归纳为“两参一改三结合”，定为《鞍钢宪法》。

李立三最大的传奇，在于被开过三次“追悼会”。

第一次追悼会是在安源罢工时。资本家对李立三恨之入骨，放出话来要暗杀他。工人们闻讯，立即将李立三保护起来，不让他轻易露面，于是，有一段时间李立三没有出面，于是有人谣传，说李立三搞工人运动被杀掉了。好事者还在当地报纸上登了一条消息，消息传到法国，同学们很是悲痛，为他组织了一个“追悼会”。没过几天，国内又传来消息，说李立三活得好好的，在安源发动工人运动，搞得红红火火。这是他第一次被“追悼”——可见，谣言害死人呢。

第二次追悼会是在“八一”南昌起义后。李立三担任起义领导机关保卫处长，1927 年 8 月 7 日，部队决定撤离南昌之时，李立三突然发现小股敌人来袭，他来不及请示，马上派兵出击，结果与敌人接了一下火，敌人便逃跑了。但李立三归队时因天黑走错了方向，所以在外面过了一夜。起义总部得到情况，认为他是牺牲了，结果部队决定开个追悼会。会议刚刚开始，李立三他们回来了。李立三笑着说：“给我开追悼会还要几十年。”

第三次追悼会是 1980 年 3 月 20 日，是他在“文革”中受迫害获平反之后。参加追悼会的有党和国家领导人胡耀邦、邓小平、彭真、王震等，由彭真主持，王震致悼词。这次，他是真的再也不会回来了。由于他被“四人帮”迫害致死后，一直未能找到骨灰，开追悼会时只有一副眼镜、一枚印章放在骨灰盒内，这也为世人留下了一个未解之谜。

七　王荷波“卧轨”争寒衣

王荷波是中国工人运动的先驱，是中国共产党早期领导人之一。在中国共产党第五次全国代表大会上，第一次选举产生了中央监察委员会，王荷波当选为我党第一个纪律检查机构——中央监察委员会的首任书记。

所以，王荷波是中纪委的开山元老。在后来的革命实践中，特别是进入新时代后，纪委、监委发挥了越来越重要的作用。

王荷波工作的浦镇机厂英籍厂长奥斯顿和总监工布拉克等人，在厂内为所欲为、压榨职工。为维护工人权益，王荷波带领工人多次与厂方斗争。王荷波办事公正，深得群众信赖，工人们把满脸胡须的王荷波亲切地称呼为“王胡子大哥”。

1920 年 5 月，布拉克下令厂内拆除厕所，不许工人上班时间大小便。王荷波带领全厂工人举行罢工，针锋相对地向厂方提出“取消所有罚款条例、重建厕所、加薪一成和向工人赔礼道歉”4个条件。在罢工的压力下，厂方被迫答应了工人的要求，这次罢工斗争取得了胜利。

1921年3月14日，浦镇机车厂工会成立，王荷波当选为会长。工会成立后，王荷波处处关心工人的生活、处处维护工人。当时，由于军阀混战，货币贬值，物价飞涨，工人的生活更加艰难。王荷波向铁路局提出要求增加工资、发放冬季棉衣等条件，却遭到铁路局无理拒绝。

时值严冬，御寒为重。王荷波不顾个人生命安危，带领60多名工人，趁津浦路特别快车进站之时高举“饥寒交迫，无人问津”“工人死活，有谁关照？”的大字标语，赤身露肘，卧轨请愿，成为社会和国际舆论关注的焦点。列车紧急停车，整条津浦路当即瘫痪。

铁路局官员火急火燎地赶来处理。谈判了一天，铁路局官员说：“你们提出的请愿涉及的范围太广，不是我们铁路局可以解决的。”

王荷波寸步不让地说：“好！既然铁路局有难处，让我们到北京找北洋政府交通部叶恭绰总长请愿去！”

⊙ 王荷波

作为一名普通工人，只身独闯堂堂的交通部衙门的事还是前所未闻。但王荷波不为所惧，只身前往北京谈判，进入交通部，面见叶恭绰总长。

在北京，王荷波面对叶恭绰及其他官僚们，斗智斗勇、据理力争，递交了“句句是血，字字是泪”的“十一条”请愿书，最终迫使北洋政府答应了工人的全部合理要求，同时，由交通部拨给每个工人一套棉衣工装。

就这样，王荷波奇迹般地把“卧轨请愿”的罢工行动，转化为工会斗争的胜利成果。当他从北京乘车返回浦镇机厂时，《民国日报》和京津浦各报报道他只身进京打赢胜仗的消息已传遍了铁路干线。工人们穿上王荷波从交通部拨来的崭新棉衣工装，敲锣打鼓，高举写着“热烈欢迎王荷波会长只身进京斗争凯旋荣归”的大幅标语，把浦镇火车站挤得水泄不通，迎接他胜利返厂。

1927 年 10 月 18 日，由于叛徒出卖，王荷波在北京被军阀张作霖逮捕，11 月 11 日英勇就义。牺牲前唯一的嘱托是，请求党组织对他的子女加强革命教育，千万别走和他相反的道路。

八 “方言大师”邓中夏的“打架”艺术

邓中夏，中国工运重要领导人，北京共产主义小组《劳动音》周刊的创刊元老，1894 年出生于湖南宜章，1917 年入北京大学国文门学习。在李大钊的引导和十月革命的鼓舞下，开始研究马列主义，成为学校中的积极分子，并成为最早一批共产党员。

邓中夏是工运领导人中少有的“能文能武”的全才，坐在书斋提笔能写理论文章，著有《中国职工运动简史》《工会论》等；换下长衫深入工厂又能发表演讲，鼓动工人罢工，在北京长辛店、上海小沙渡发动过几次著名的罢工行动。

邓中夏还是一位多面手，哪里工作任务重，他就到哪里去，党需要做什么，他就做什么。1925 年，他到广东领导省港罢工，组织动员各界把数万罢工工人的吃住都安排妥当，被人称为“工人政府的总理”。

另外，他还是一位“百变神人”，工作到哪里，就能融入到哪里。他是湖南人，起初由于一口湘音，别人难懂，于是他就下决心改变口音，在北京学北方话，在上海学上海话，到广州学粤语，能很快学会当地方言，如鱼得水、交流无碍。我们设想，如果不是投身革命，他完全可以成为理论大师、语言大师。

话说中国劳动组合书记部成立后，邓中夏、罗章龙等到长辛店铁路工厂开展工人运动。

在铁路工人史文彬等人的帮助下，长辛店工人夜校很快办起来了，并且在1921年“五一”这天，长辛店约2000名工人举行了纪念“五一”国际劳动节大会，宣布成立了长辛店铁路工人会。

他们的活动引起了“交通系”的注意。

“交通系”是北洋时期长期盘踞在铁路系统的一个官僚政客集团，一直把铁路系统当作自家领地，凡工人就业、升迁、生活福利，均由“交通系”一手垄断。

邓中夏在长辛店组织开展工人运动，被“交通系”视为动了他们的蛋糕。于是操纵翻砂厂工头邓长荣出面，也组织一个“工会”，企图挤垮邓中夏的工会，把共产党赶出长辛店。

邓长荣背后有“交通系”撑腰，到处对工人讲：“工人才能讲劳工神圣，那伙大学生又不是工人，懂什么劳工神圣！加入他们的工会，是要被开除的。”

邓中夏得知情况后，找到史文彬、王俊等工人商量对策。王俊说：“我看干脆把邓长荣那厮狠揍一顿，让他认识认识咱们的拳头。”邓中夏认为光靠拳头解决不了问题。他提出，先在报纸上揭露邓长荣，让工人都知道他的面目，然后对他提出警告。

这时也该邓长荣倒霉，他偷厂里的铜瓦被警察抓住，“交通系”从中疏通把他给放了。邓中夏抓住机会，在《劳动周刊》上揭了他的老底：

据最近的调查，工头中最坏的是邓长荣。他对厂里的工人，简直不放在眼里，好像只有一个他！他时常拿厂里的东西卖给别人，所瞒的只是总管一人……

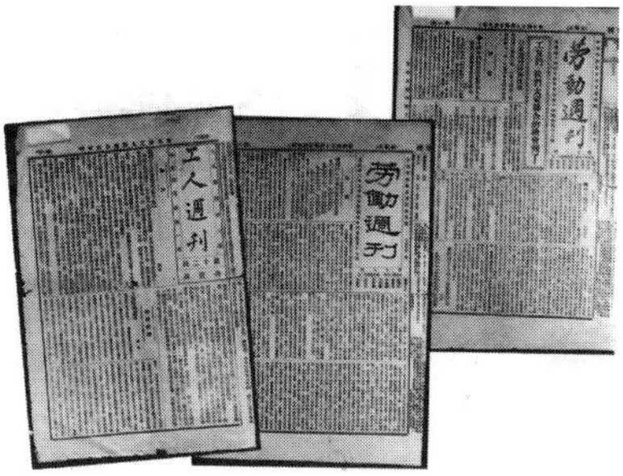

⊙ 1921 年 8 月 20 日，中国劳动组合书记部机关刊物《劳动周刊》创刊，1922 年，中国劳动组合书记部总部由上海迁到北京，主任改为邓中夏，机关刊物为《工人周刊》

邓长荣看到这篇报道，气急败坏之下，把怒气发泄到了与此事无关的陶善琮身上。陶善琮是劳动补习学校的发起人之一，识得几个字，有几分文化，邓长荣认为报纸上的事是他写的，于是跑到陶善琮家门口破口大骂，陶善琮不明不白地出来，就被邓长荣打了个鼻青脸肿。

邓中夏见时机成熟，对史文彬说："既然邓长荣不听警告，还动手打人，我们也不必客气了。"

工人听得邓中夏放话，个个摩拳擦掌。第二天下工时分，邓长荣大摇大摆走出厂门，就被工人们团团围住，拳脚雨点般落在他身上，很快邓长荣就被打趴在地上。工人们还不解气，七手八脚把他扔进旁边的臭水沟里。

邓长荣的后台老板见到马仔被打，岂肯善罢甘休，一开始准备抓人，奈何工人们在邓中夏嘱咐下，把邓长荣打得实在"艺术"——揍得不轻，却没有见血也没有留下伤痕。

他们找不到证据，就在天津《益世报》发表文章，攻击劳动组合书记部。劳动组合书记部也以北京《晨报》为阵地进行反击。

邓长荣武的打不过工人，文的打不赢舆论战，去打官司又赢不了，自知无法获胜，只好向工人求和。不得不发表《悔过书》，声明自愿离开长辛店，"誓不再在长辛店工作，为工界罪人"。

邓长荣一走，他的"工会"自然就吹了。劳动组合书记部和"交通系"的斗争取得了胜利，共产党在长辛店站稳了脚跟。

邓中夏是一位坚定的共产党员，对共产主义的信仰险夷不变。1931 年 1 月，王明篡夺中共中央领导权后，邓中夏被撤掉全部职务，回到上海。王明一伙几个月不安排他工作，也不发生活费，邓中夏全靠妻子李夏明（李启汉的妹妹）在纱厂当工人一个月挣 7 块钱艰难生活。曾任全国工运最高领导人的邓中夏毫无怨言，对革命矢志不移。

1932 年秋，邓中夏担任全国赤色互济总会主任兼党团书记，从事国民党统治区的地下工作。1933 年邓中夏不幸被捕，押往南京。国民党想挑拨他对共产党不满："你是共产党的老前辈，现在却受莫斯科回来的那些小辈欺压，我们都为你感到不平！"邓中夏轻蔑地回答："这是我们党内的事！我邓中夏就是烧成灰，也是共产党人！"

在狱中，他以共产党员的坚定信念和钢铁意志，挺住了敌人金钱厚禄的利诱和严刑拷打的摧残。1933 年 9 月 21 日黎明，在雨花台下，邓中夏高呼"打倒国民党！""中国共产党万岁！"，为共产主义事业英勇地献出了自己宝贵的生命。牺牲时，年仅 39 岁。

九　罗章龙“洗澡”建工会

1921年11月17日，陇海铁路爆发了一场罢工。

当年的陇海铁路是我国唯一一条横贯东西的铁路干线，铁路行政大权被法国和比利时操纵，工人每天的劳动时间般都在10至12个小时，最长的达17个小时，但工资却极其微薄，被帝国主义分子称为“廉价劳工最好的猎取市场”。

1921年3月，法国资本家若里来到陇海铁路，任洛阳机务厂总管。这人“节约成本”到了极致，例如，不给机车发足够的油，车头大灯无法使用，司机只好自己拿钱买油。至于工人，更是被他视为活着的成本，处处克扣、时时处罚。工人忍无可忍，发动罢工要求撤换若里。

罢工用的是带有迷信色彩的“老君会”名义。在当地，各铁匠炉均奉太上老君为祖师，工人亦认为太上老君为铁工祖师——在他们心中，铁路也算铁工一种，火车头也属火性，想必和太上老君炼丹有同工之缘。

罢工后，陇海铁路工人向劳动组合书记部发信求援，李大钊派罗章龙前去指导。罗章龙当即出发，赶到开封，见到了老君会会长魏荣珊。

⊙ 1922 年 12 月，中共北方区和中国劳动组合书记北京分部派罗章龙到东北考察工运，宣传革命，准备建党

见面之后，魏荣珊未谈正事先打哈哈，先是用粤语和罗章龙打招呼，后又“循例”请他去洗澡。罗章龙心里直犯嘀咕，不知道他葫芦里卖的什么药，但出于客气又不能不去，于是两人各怀心事到澡堂里弄了一回“坦诚相见”。出浴之后，魏荣珊又请他吃饭，到了饭桌上，魏荣珊才变得痛快起来，说：“先前不知先生来历，不敢倾心畅谈，请您万勿介意。现在确知先生来自北京，关心我们工人利益，您有什么指示就尽管说。”

原来此前有人谣传，说罗章龙不是书记部的人，而是南方政府派来的探子，所以，魏荣珊才百般打探、千般提防，刚才就在请罗章龙去洗澡时趁机搜查了他的衣物，发现他衣袋里的北京大学借书证，这才放下心来。

知道内情后，双方释怀。罗章龙对魏荣珊说道：“这次罢工成败，关系到全路几千人的命运，事情办好了，为大家争得生存权利，挣得面子；如果办坏了，误了大事，个人也不光彩。今天正是胜败关头，只有大家坚持下去，千万不要中了敌人的反间计，造成工人内部失和。”

魏荣珊下定了决心，他对罗章龙说：“劳动组合书记部维护工人的利益，我们一定按您说的办。”

罗章龙说：“一笔难写两个工字，工人阶级应统一团结起来。现在老君会是一个松散的组织，难以适应罢工斗争的需要，应当改造为工会。”

魏荣珊说：“我们听您的。”次日，魏荣珊召集工人大会，罗章龙在会上提出成立工会的建议，全场工人热烈赞同。随后，大会选出开封工会执行委员会，宣布开封工会成立，加入劳动组合书记部北方分部，停止使用老君会的名称。

罢工开始后，陇海路局和北洋政府见老君会组织分散，便定下“分化瓦解、各个击破”之计。不料几天之内，冒出一个比老君会还厉害的劳动组合书记部，一时声名鹊起，工人空前团结。北洋政府害怕陇海铁路罢工蔓延各路，不好收拾，只好派人调停，答应了工人提出的大部分要求。

罢工取得彻底胜利。陇海铁路总工会正式成立，加入中国劳动组合书记部北方分部。

十 “车夫丐帮”争权益

林育南是中国工运重要领导人之一，他是林彪的堂兄，还有一位族兄，名叫林育英，化名张浩，对于中共建立抗日统一战线、促成红四方面军北上会师起到了重要作用。张浩病逝后，毛泽东亲自执绋抬棺，这是唯一的一次。

1922 年，林育南接替包惠僧担任中国劳动组合书记部武汉分部主任。他经常深入工人住区，找工人促膝谈心。他

⊙ 汉口人力车夫聚集在英租界海关门前

时常把自己的衣服脱下来，送给贫苦的工人兄弟遮日御寒，在工人群众中很快扎下了根。

在武汉，他发动了汉口人力车工人罢工。

人力车是汉口开埠后出现的交通工具，俗称“东洋车”。在租界正式登记的人力车有 1000 多辆，工人 6000 余人。汉口租界的人力车夫受到各方面压迫侮辱，当时的车行实行包工制，每天要交“份子钱”。人力车夫们劳苦终日，却很难维持其最基本的生活。更为缺德的是，包工头还对车夫放高利贷，就像今天的“套路贷”一样坑人不浅。车夫差了车费，他们便暴力催收、私刑吊打，至于各种名目的罚钱更是家常便饭。

1921 年 12 月，车行老板单方面宣布提高“份子钱”，每日每乘由 800 文增加到 1000 文。车夫忍无可忍，举行罢工抗议。并对车行提出三条要求：（一）不得干涉车夫成立工会；（二）取消加租议案；（三）原租价减为 600 文。

车行老板为了破坏罢工，命人在各马路打锣召集车夫，并说明“每乘车子，只加租 60 文（加成 860 文），要他们上工”。车夫也出来四处打锣，“非回复 800 文原价，决不上工”，结果没有一名车夫上工。车行心生一计，自雇车夫百余名，拉车出行，又被罢工车夫拦阻。

罢工后，林育南冒着被巡捕抓捕的危险，混入车夫群中，向车夫讲演："诸位不要慌乱，我们要从忍耐痛苦中取得利益。大家齐心努力，坚持到底，我们必能取得最后的胜利！"

为了扩大社会影响，争取各界的同情和声援，林育南和施洋指导工人组织了"车夫讨饭团"，结队向租界游行。

12月7日，车夫五六千人在汉口大智门集合，手持"租界人力车夫乞讨团""死中求生""敬求援助""文明抵制""决不暴动"等白旗，沿途"行乞"并游行示威。一路浩浩荡荡，蔚为壮观，引得行人注目，当地新闻界争相报道。游行队伍行经英法租界，法国巡捕鸣枪示威。"丐帮"工人也不是好惹的，与法国巡捕及军队奋勇战斗两三个小时之久。本次加租行动中跳得最高、喊得最凶的利通车行，也被愤怒的工人们给砸了。

在工人的坚决斗争和社会舆论的强大压力下，法国租界和武汉当局不得不低下了头。结果是由法国领事道歉，允许人力车夫工会成立，车租暂时不加，免租钱三日，恢复上工。

邓中夏在《中国职工运动简史》一书中特别评价说："武汉因铁路工人与人力车工人两大罢工，开了当地一个新纪元，职工运动从此有一个顺利的发展。"

十一　“俱乐部”大战“同乡会”

毛泽东派遣郭亮来到岳州车站，发动粤汉铁路工人罢工的时候，岳州工人俱乐部与资方成立的“同乡会”发生了一次短兵相接的战斗。

当时，军阀割据，各霸一方。粤汉铁路也被分为湘、鄂两段，各管各的。岳州车站属于鄂段，管理局局长王世堉是“交通系”的头面人物。他既害怕吴佩孚插手粤汉铁路，更担心工人组织起来以后不听指挥，就想方设法破坏工人俱乐部。他在岳州车站组织了“天津同乡会”“工人研究所”，与共产党组织的工人俱乐部对抗。

有一天，王世堉手下的两个打手张恩荣、苗凤鸣无理毒打工人阮康成、吴青山。郭亮以岳州工人俱乐部的名义向王世堉提出抗议，要求革除张恩荣、苗凤鸣的职务。王世堉不仅不理睬工人俱乐部的要求，反而要给俱乐部一点颜色看，把被殴打的工人阮康成、吴青山开除了。

毛泽东认为，罢工时机已经成熟。于是召集徐家棚、岳州、长沙、株萍四个工人俱乐部，组成粤汉铁路工人俱乐部联合会，动员工人做好罢工的准备工作。

罢工开始后，由湖南长沙开往岳州、武昌的客车、货车以及萍乡的运煤车全部停驶。王世堉见状，指使“天津同乡会”和“工人研究所”的工人顶替开车，还用重金请警署派30名警察、驻军派一连士兵随车镇压。

⊙ 郭亮

1922年9月10日夜，一列货车从徐家棚车站开往长沙。11日上午经过岳州车站，郭亮看见一列火车冒着黑烟开来，第一个卧在铁轨上，工人们随即也卧在铁轨上。

司机见状紧急刹车，列车停了下来。

苗凤鸣大声命令司机开车：“开过去，轧死他们！”

郭亮振臂高呼：“工友们！我们决不能让火车开过岳州车站。反正饿死是死，轧死也是死，我们要誓死挡住火车！”

工人们齐声呐喊，一个挨一个地横卧在铁轨上。

郭亮朝车头大声喊：“开车的工友，天下的工人都是阶级兄弟啊！你能替官僚、军阀杀害自己的兄弟吗？”

苗凤鸣用枪对着司机说："你敢违抗命令，老子就毙了你。"

司机王忠回身，一拳打在苗凤鸣身上，大声喊："你自己去开车吧！老子再也不上你的当了。"

火车开始向后退去。

王世堉见势不妙，拿出1万银元贿赂萧耀南，叫他出动军队。士兵对工人举起了屠刀，工人赤手空拳，敌不过快刀钢枪，近百人被打死打伤。郭亮、王忠、张万云等37人被逮捕。王世堉在岳州又制造了一次血案。

毛泽东马上召集长沙各工会团体紧急商议、发表通电，揭露萧耀南的军队屠杀工人的罪状，呼吁各界人士援助粤汉铁路工人的罢工斗争。

1922年9月24日，武汉各工团和京汉铁路、陇海铁路、粤汉铁路工人代表向吴佩孚发出最后通牒，要求在9月25日晚上8点以前答复粤汉铁路工人提出的要求，否则举行同盟罢工。吴佩孚生怕罢工浪潮波及全国铁路，急电令萧耀南"督促办理"。25日下午，王世堉不得不与工人谈判，最后的结果是，张恩荣、苗凤鸣撤职查办，被捕工人一律释放，工人先前提的7项条件全部接受。

历时15天的粤汉铁路工人罢工付出了血的代价，终于取得胜利。

十二　安源路矿工人大罢工中的“洪门宴”

安源路矿工人大罢工是中国工运史上亮丽的一笔，与此事有关的“毛主席去安源”油画更是举世皆知。关于这次罢工，各种报刊史料已反复描述过多次，我们在此不再重复，只讲其中的一个小片段，这个片段从一个侧面反映了当年罢工斗争的惊心动魄和罢工领导人的大智大勇。

安源路矿工人大罢工是在毛泽东领导下，由刘少奇、李立三、蒋先云等人具体组织发动的。在其他一切就绪之后，还有一个问题摆在安源路矿工人俱乐部领导人面前，那就是当地的洪帮。

在安源，洪帮的势力很大，不仅控制着工人的工作介绍，还控制着街上的烟馆、赌馆、妓院等，如果他们趁机捣乱，罢工的效果会大打折扣。

李立三认为，洪帮这样的帮会有两面性，既有落后的一面，又有讲义气的积极一面，如果能争取过来，可以为我所用。于是，他决定只身去闯一下“洪门”。

⊙ 1922 年 5 月 1 日，安源路矿工人俱乐部成立时筹备委员会合影

这一天，李立三穿着长衫，手里提了一只大公鸡，带了谢怀德等几个工人，前去拜访当地洪帮首领章龙。

章龙等洪帮头目正在张家祠堂聚义开堂，见到李立三这位不速之客，心中暗自一惊。近期以来，他多次听说李立三大名，这位留洋回来的先生在工人中打得火热，威信极高，非同小可。章龙客气拱手招呼道：“先生光临敝处，实乃山门之幸，蓬荜生辉。不知有何见教？”

李立三把公鸡递上，昂首道：“久闻先生大名，特来拜访，想交您这个朋友。”

章龙见一位留洋的大学生肯屈尊前来结交他这样一个帮会头目，心下也生出几分感动，当即和李立三喝了鸡血酒。歃血为盟之后，拍着胸脯对李立三道：“我们现在是兄弟了，知道你无事不登三宝殿，有什么需要帮忙的，但讲无妨。”

李立三说：“真人面前不讲假话，我确实正有求您帮忙之处。说实话，我们俱乐部正准备罢工。”

“罢工？这可是要杀头的！”章龙道。

李立三道：“我们俱乐部的宗旨是为了解除工人痛苦，保护工人利益。现在，工人几个月没有发饷了，我们不能见死不救。贵帮的子弟多是路矿工人，当局不发饷，他们哪里有钱向你们交费呢？”

章龙拱手道：“俱乐部为民请命，兄弟佩服之至，不过，在下我只有一个脑袋，洪帮可不敢跟着您罢工。”

李立三说：“我们不敢烦劳贵帮跟我们一起行动，只想请章先生答应三件事。”

章龙说：“哪三件？”

李立三说：“第一件，罢工期间，街上的烟馆、妓院一律关门，免得给人以口实。第二件，罢工期间，赌场、赌摊也要停业。第三件，罢工期间，你手下的兄弟不准上街闹事、抢劫偷盗，以免授人以柄。”

章龙咬了咬牙，一拍胸脯说：“可以，全都依得。”

果然，安源路矿工人罢工之后，当地商家大为恐慌，生怕发生抢劫，所以，天尚未黑即纷纷闭市。没有想到的是，这次罢工的秩序良好，洪帮自觉约束门徒，赌馆、烟馆一律歇业，平时街上有抽大烟的、赌钱的、逛窑子的，此时竟完全绝迹。连前来镇压罢工的戒严司令李鸿程也是长叹一声，说他部下的军队也没有这样的纪律。

5 天后，罢工取得最后胜利。李立三这次“洪门宴”功不可没。

十三 “厕所事件”引发的罢工

革命年代，工人罢工的事件很多，罢工原因也多种多样。这里我们要说的是一个比较“奇葩”的原因——厕所问题，这问题表面看来可笑，背后却是一把辛酸泪。

要说当年资本家对工人的压榨，那可谓“无微不至”，绝对让后世的“996”相形见绌。例如，东亚毛织厂资本家发明了两种奇葩工具——“恭签”和“厕所钟”。工人要解手时，须采用领“恭签”（二尺多长的木牌子）的办法，拿到“恭签”才能如厕。一个车间一二百人，只有两个“恭签”，有些人憋不住就拉尿在裤子里。后来，资本家想出了更“科学”的办法，在工人去厕所的必经门口，设置了由专人掌管的“厕所钟”。发给每个工人一张去厕所用的卡片，工人要上厕所，必须拿着卡片交给掌管厕所钟的人打上时间。到了月底卡片就积累出了一个月解手所用的总时间，如果时间多了，轻者训斥、警告，重者扣钱、开除。

事情做到这份儿上，工人不罢工才怪。我们且举两例。

在津浦铁路浦镇机车厂，洋人和工头狼狈为奸，挖空心思压榨工人。他们惩办、开除工人的条款多如牛毛，极端苛刻，也十分荒唐，引起工人极大不满。1920 年 5 月，英籍总监工布拉克竟下令拆除厕所，不许工人上班时间大小便。

面对洋人这“管天管地，还要管拉屎放屁”的嚣张，工会领导人王荷波说：“英国人把我们当牛马，我们是人，是中国人，绝不能任他们摆布。”他代表工人们向厂方提出取消所有罚款条例、重建厕所、加薪一成和向工人赔礼道歉等四项条件；在厂方未答复前，全厂实行罢工。布拉克慌了，急电铁路局机务处。三天后，机务处派人与工会代表谈判。在罢工的压力下，厂方被迫答应了工人的要求，这次的罢工斗争取得了胜利。

在京奉铁路山海关铁工厂，英国总管包孟和中国洋奴陈宏经、工头赵璧等人，肆意欺压工人。在王尽美指导下，山海关铁工厂工人俱乐部组织了反对赵璧的运动，他们当众揭露赵璧营私舞弊吃空额的丑行，联名写状子将赵璧告到京奉铁路局。铁路局迫不得已宣

⊙ 王尽美

布把赵璧等几个工头开除。

然而，英国总管却玩了个金蝉脱壳之计，把赵璧开除了，却换上赵璧的死党高六。高六上台之后，变本加厉开始报复。比如，规定工人上厕所不得超过 5 分钟。有一天，俱乐部委员长佟惠亭上厕所，工头们竟堵在厕所门口，硬说他用了 8 分钟，超过了规定时间，要将佟惠亭开除。

工人们得知这一消息十分气愤，纷纷放下手里的活儿，来到俱乐部门口，强烈要求工会出面维权。俱乐部坚决支持工人们的正当要求，王尽美以俱乐部名义向厂方提出“佟惠亭复工，速开除陈宏经”等六项具体要求。

几天过去了，天津铁路局对工人的要求根本不予理睬。一面通过谈判敷衍搪塞，一面策划对付工人罢工的阴谋。王尽美和佟惠亭等决定召开大会宣布罢工。王尽美说：“一切幸福都是用生命热血换来的，我们团结起来誓死力争，没有办不到的事！”

罢工坚持多日之后，铁路局慌了手脚，被迫答应了工人们的全部要求：洋奴陈宏经被革了职；工人佟惠亭、景树庭复工了；工资增加了，休假也有了，俱乐部也得到了承认……

十四 长辛店布告“对台戏”

“二七”大罢工中，长辛店工人除了与反动军浴血奋战之外，工人俱乐部还与铁路局唱过一次布告“对台戏”。

当时一些官方的文告总是写得酸文假醋、佶屈聱牙，而总工会的宣传因为是针对工人的，所以写得通俗易懂。例如京汉铁路总工会发表《罢工宣言》就这样呼吁：

> 我们要紧紧团结，反抗我们的敌人，向我们的仇人进攻呀！工友们，无产阶级呀！为争自由而战呀！为争人格而战呀！为争我们的切身利益而战呀！弟兄们！无产阶级呀！努力呀！奋斗呀！冲锋呀！前进呀！

但是，在这次工人罢工之后，京汉铁路局局长赵继贤不知受了何方高人指点，在长辛店贴出了一篇通俗易懂的白话文《京汉铁路管理局布告》，企图欺骗工人复工：

> 唉！工人们：你们仔细想想，我待你们还不好

⊙ 长辛店工人俱乐部补习学校旧址

吗……你们要知道路局待你们厚，就应该忠于路事。现为路局计，与工人们约：限于十二小时内，立即照旧上工，所有以前的事情，概不追究。过了十二小时不肯回来，是你们和本路局脱离关系，则本路局只有另行找人做事了。你们工人可不要后悔啊！

史文彬召集工会委员会开会，仔细研究了赵继贤的《布告》，认为他的目的是要破坏工人团结，为镇压罢工制造借口。史文彬提出，要向工友们讲清楚，这次罢工不是为了涨工钱，而是为了争自由、争人格。路局答应给我们涨多少钱也不行。

针对赵继贤的花招，罢工委员会也发表了一个《宣言》，贴在赵继贤《布告》的旁边：

> 我们本着全路一致的精神，各分会什么条件都不提，专听江岸总工会的命令。总工会叫我们怎么办，我们就怎么办。在罢工事件解决以前，除了总工会的指挥，别的什么全不知道。这是我们至死不变的信条。我们希望这次宣言能使全国同胞都明白我们是受着怎样的压迫而不得不出此最后手段，并希望得到他们的同情和援助。谨此宣言。

12个小时过去了，没有一个工人去上工。

赵继贤见软的一招不灵，开始动硬的了。吴佩孚出动军队，开始抓捕罢工工人。天亮时，长辛店一共有11人被捕，关在火神庙警察局。史文彬他们被押到火神庙警察局，警察扒去他们的衣服，痛打一顿之后，戴上手铐、脚镣，准备押往保定。

葛树贵看到工会的主要领导人全被逮捕了，于是挺身而出，叫在场的人赶快分头通知工人来工会集合。葛树贵手中紧握着一个大锤把，对聚集在工会门口的工人说："弟兄们！咱们工会的领导人都被大兵抓了。走，到火神庙要人去！"

葛树贵率领着工人队伍，高呼"还我工友、还我自由"的口号，浩浩荡荡地来到火神庙。奉命前来镇压罢工的十四混成旅旅长时全盛大声威胁："站住，再向前来就开枪！"葛树贵高举手中的大锤把，大声喊："弟兄们，他们有枪，我们有血。往前冲啊！"工人们也跟着冲了上去。时全盛一声令下，顿时枪声四起，葛树贵冲到火神庙的台阶跟前，中弹倒地。这次战斗中，工人被打死打伤 20 多人。罢工被镇压，一时间，长辛店陷入白色恐怖之中。

但是，工人俱乐部与铁路局的"布告对垒"，丝毫没有落于下风。

十五　安源最早的廉政建设

“二七”惨案之后，全国工人运动陷入低潮，但在这低潮之中，有一处引人注目的亮点，就是被邓中夏誉为“硕果仅存”的安源路矿工人俱乐部。在工运低潮中，安源路矿工人俱乐部不仅保存了自己的组织，而且开展了很多有声有色的活动，取得了显著的成就。

在四周白色恐怖的包围中，为什么安源路矿工人俱乐部不仅能硕果仅存，还能蓬勃发展？

一是因为它重视党组织建设。在毛泽东的领导下，党在发动工人运动之初就十分重视发展党的组织。到 1923 年，安源的党员人数比上海、北京、天津等地的党员人数都多。

二是工人团结斗争。在罢工中，工人认识到了团结的力量。所以，每当工会危急之际，工人个个拼命保护工会。如果资本家以军队包围工会，工人即包围工厂、包围资本家职员等，誓死同仇。

三是因为它灵活的斗争策略。“二七”大罢工失败以后，毛泽东指示安源路矿工人俱乐部采取“弯弓待发”的策略，采取守势，不要骄傲，不给敌人以破坏之机。

此外，还有一个重要原因，就在于他们开展了最早的廉政建设。大罢工胜利后，俱乐部迅速壮大，成员从 700 多人增长到 1.3 万多人，上缴的部员费急剧增加，俱乐部日渐庞大，常设办事机构主任团的权力也越来越大，逐渐出现了官僚习气，发生了管理失职混乱、侵吞挪用公款等腐败现象。

安源路矿工人俱乐部在刘少奇、朱少连等人的领导和主持下，开展了一系列整顿与惩处相结合的反腐倡廉工作。一方面，针对合作社的几起侵吞公款、谋取私利的典型案例，俱乐部在据实查证后，形成决议并进行处理。合作社服务股经理陈梅生挪用公款 1000 元，受到“房屋用具被封存，追缴所欠款项，辞退服务股经理”的处罚。合作社第二任总经理易礼容借得公款 1000 余元，以到湖南长沙等地购物为由，挥霍一空。俱乐部得知后，组织专人将其缉拿回安源，关押在俱乐

⊙ 安源路矿工人俱乐部旧址

部讲演大厅的暗室中，以儆效尤。

说起来，易礼容也是“老资格”了，1919 年加入新民学会，1920 年与毛泽东一起创办“文化书社”，1921 年 8 月加入中国共产党，是毛泽东和何叔衡之后的湖南第三名共产党员。但不论是谁，犯了错误之后，处理起来同样毫不手软。

另外，他们加强制度建设，制定《安源路矿工人俱乐部总章》《安源路矿工人消费合作社办事公约》《安源路矿工人俱乐部办事细则》等，俱乐部的工作实行报告制和公开制，俱乐部换届、大会的工作报告等重要文件，不但全面公开，还编辑成册在全国主要工会发行和传播。对严重违反俱乐部章程和纪律的人员，经教育仍无悔改者，做出开除部籍处理，形成震慑效应。

因此，安源工人在“二七”大罢工失败后，不但没有被资本家取消已得的利益，还争得不少胜利条件，各种示威运动仍然得以公开举行。如“五一”纪念、十月革命纪念，都有数千上万名工人参加。每次游行集会，群众精神振作、秩序井然，成为当时一道亮丽的风景。

安源路矿工人俱乐部的存在和发展，不仅给处于沉寂状态的全国各地工会以极大的力量和鼓舞，而且为我党领导工人运动提供了宝贵的经验。

十六 “工团军”消灭“商团军”

在北伐前后，广东革命政府发生过两件大事，一是平定滇桂军阀刘希闵、杨震寰叛乱，二是消灭陈廉伯的“商团军”。这两次行动，共产党领导下的工会都积极参与并发挥了重要作用。在平定刘希闵、杨震寰叛乱中，工会一面发动铁路工人罢工，不给刘希闵、杨震寰部队开火车，打断其运输线，一面组织工人火速接运平叛部队回粤，保证了平叛战斗顺利进行。

在消灭“商团军”行动中，工会更是组织“工团军”，与“商团军”直接作战。

广州商团成立于1912年，最开始是广州商民维持社会治安、保护商家生命财产安全的自卫武装。随着实力不断扩充，政治倾向日趋保守。1919年汇丰银行广州分行买办汉奸陈廉伯接任商团团长后，广州商团实力不断扩充，逐步演变为与孙中山革命政府对抗的武装力量。

1924年国共合作后，陈廉伯等人成立“广东省商团军联防总部”，企图推倒孙中山的革命政府，另组“商人政府”。1924年8月10日，“商团军”购置的一批枪支弹药被广州革命政府扣留。陈廉伯以此为借口，大造反孙反共舆论，鼓动广州商人罢市，一时广州局势紧张、人心惶惶。10月9日，在广东政府发还他们部分枪械之后，更是发动武装叛乱。

在“商团军”气焰正盛之时，刘尔崧、杨殷等工会领导人召集广州工人代表会两次开会，讨论成立广州“工团军”。他们将《工团军组织章程》呈广东省长廖仲恺后，一周内获得批准。杨殷在工会中挑选数百名青壮年工人，正式成立“工团军”。“工团军”以工会为单位进行编队，设大队、中队、小队，共500多名队员，主要任务是“辅助革命政府，镇压反革命行动，尤其注重保护工人，防御海盗之侵略”。

⊙ 杨殷

“工团军”是共产党领导下的第一支工人武装，它的成立让“商团军”大为惊恐。10月10日，工会、农会、青年团及广东“工团军”召开“双十节”大会，会后举行示威游行。“商团军”武装冲击游行群众，“工团军”与之接战，由于猝不及防，“工团军”第二分队队长黄驹等

20 余人被屠杀，伤者 100 多人。

目睹工友惨死，杨殷恨上心头，他说："壮士的血不能白流！'商团军'只是一支少爷兵，我们只要敢拼，定能取胜。"于是，他亲自率领"工团军"，联合郊区自卫军，向大元帅府请愿，要求讨伐"商团军"，血债血偿。

在工农群众的支持下，孙中山坚定了解除"商团军"武装的决心，马上召开会议，部署军事行动计划。孙中山电令蒋介石、廖仲恺、胡汉民、许崇智等火速平定商团叛乱，还令北伐军一部回师广州戡乱。

杨殷负责摸清敌情，他安排饼业工会主席欧阳峰以挑担沿街卖饼作掩护，到西关一带刺探情报，还通过盐船工人和盐务处的朋友，很快弄清了"商团军"的兵力、驻扎调防以及军事工事等。10 月 15 日，"工团军"与革命政府军队攻占西关商团总部，"商团军"溃散。陈廉伯逃回香港沙面，副团长陈恭受投降，至此，广州商团叛乱被荡平。

除掉心腹大患，广东革命政权得以初步稳定。

十七 “全总文件”这样写

1925年5月，第二次全国劳动大会在广州召开，正式成立了中华全国总工会。

第二次全国劳动大会可谓一波三折，1922年第一次全国劳动大会召开时，正是中国工人运动高潮，中国劳动组合书记部本拟次年也就是1923年“五一”召开第二次全国劳动大会并成立总工会，不料京汉“二七”惨案发生，工人运动不得不转入低潮。所以，第二次全国劳动大会只得延迟到三年后。若不是这次延迟，全总的成立日期就是1923年了。

大会通过了30多个决议案，其中主要有《工人阶级与政治斗争的决议案》《经济斗争的决议案》《组织问题决议案》《工农联合决议案》《铲除工贼决议案》《中华全国总工会总章》《加入赤色职工国际决议案》等。

翻阅本次大会的文件，我们发现一个有趣的现象，即所有的决议案几乎没有一句文言文，没有一点八股腔，全是白话文——也难怪，这些文件本就是写给工人看的。

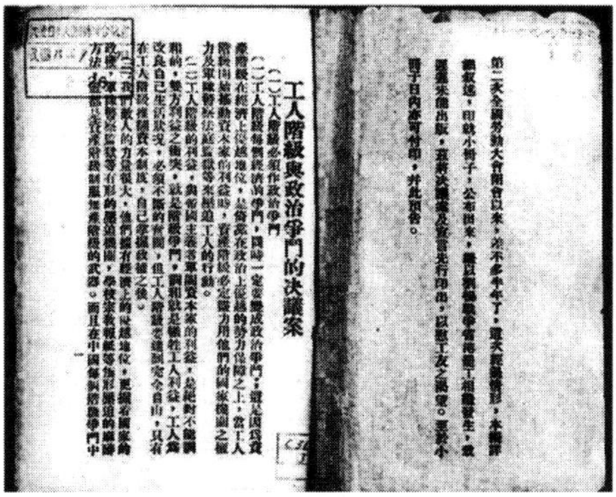

工人階級與政治爭鬥的決議案

⊙ 第二次全国劳动大会通过的《工人阶级与政治斗争的决议案》

例如，在《经济斗争的决议案》中，提到增加工资、减少工作时间时说：

> 中国工人的生活，真是苦到万状了。我们试拿上海和日本的纺织工人的工资相比较，两地的生活程度相差甚微，而工资竟为一与三之比，即中国工人每日所得，不过日本工人所得的三分之一。年来生活用品日见提高，而工资之所增极少，工人待遇，苦不堪言。因此要求按照各时生活情形规定最低限度的工资一事，应成为我们目前进行的主要工作之一。

说到女工、童工问题，则是声情并茂：

> 在中国的资本家特别喜欢女工童工，他们是看中了

这两种人较为柔弱，容易欺负，容易加他们以惨无人道的压迫，因而女工童工的生活遂愈苦不堪问了。女工的工资，是不能与男子相等的，她们的身体，是可以任意侮辱的。至于童工呢？许多六岁未满的小孩，终日站着做十二小时以上的苦工，这还是人的生活么？

说到工会工作，简直到了事无巨细的程度，在《组织问题决议案》中指出：

最好的组织是产业工会。产业工会的至要原则，是在每个工厂或作坊内，所有的工人，不论他们的职业是怎样，都要按照该工厂或作坊是那种产业性质，就都组织那一种产业工会，比方一个纱厂，不论是粗纱间，细纱间，打包间，电灯间……的工人，都是纱厂工会的会员。又比方一条铁路，不论是机务处，工务处，车务处，养路处……的工人，都是铁路工会的会员。这种制度的益处，就是每个产业机关是整个的奋斗单位。当工人与资本家冲突或罢工时，他们就可以马上很坚决地起来奋斗。

《工人教育决议案》，详细到了如此程度：

工会的开会是教工人学习处理本身问题的绝好机

会。在可能的时候，还当在非工会会员的工人群众中去开会，去吸引他们参加讨论，吸引他们入会。其余如化装、演讲、游艺等项是一种最方便最普通的教育，因为可以引起听者之兴趣，而使宣传之意义能深入于一般工人的群众中。

这就是100年前工人阶级最高领导机关发布的文件，没有一句官话、套话。如今读来，仍有一股清新之气。

十八　省港罢工“小政府”

省港大罢工中，中华全国总工会加强对罢工的领导，更好地组织工人坚持斗争。1925 年 7 月 3 日，发动香港、沙面罢工工人选出代表，在广州举行省港罢工工人代表大会。大会选举苏兆征、李启汉等 13 人组成省港罢工委员会，苏兆征任委员长，何耀全、曾子严为副委员长，李森为干事局局长。

中共广东区委成立罢工党团，作为罢工运动的领导核心。邓中夏为罢工委员会中共党团书记。在中国共产党的领导下，广大罢工工人团结一致，积极参加反对帝国主义和军阀的斗争，成为广州革命政府的有力支柱。

在罢工委员会之下设有干事局，处理罢工委员会日常事务；设立财政委员会、工人纠察队、审计局、会审处等机构，负责筹措及管理罢工经费，指挥、保管、拍卖工人纠察队截获的货，审核各部门开支账目，处理破坏罢工的案件；还设立拘留所，关押破坏罢工的犯人。此外还创办了中国工

⊙ 东园政府，省港大罢工期间成为罢工委员会办公地，原为清末广东水师提督的私人花园

人阶级的第一所大学——劳动学院，培养工会领导人才，培养香港、广东的工会干部；另外还设立工人医院，给罢工工人治病，罢工委员会还出版了自己的机关报《工人之路特刊》。整个格局就像一个“小型政府”。

这“小政府”却实现了“大服务”。为了在政治上、经济上打击英帝国主义，1925 年 7 月 9 日，省港罢工委员会正式宣布封锁香港，并整编一支武装的工人纠察队执行封锁任务。在封锁过程中，罢工委员会采取了“单独对英”“特许证”和“善后条例”等正确策略，既孤立了英国，又发展了广州的对外贸易，广东革命政府的税收迅速增加，经济状况获得明显的改善。对香港的封锁，使香港殖民当局在经济、政治上受到严重打击。香港经济损失严重，导致香港总督史塔士被撤职。英帝国主义哀叹：1925 年英国尊严之堕落，实为中英通商百年来所未有。

在罢工委员会领导下，不仅全体罢工工人同心协力，社会各界广泛同情，就连工人家属也是同仇敌忾。邓中夏以一件小事，反映了全体中国人民同心协力、同仇敌忾的斗志：

> 为民族利益而不掺杂自己利益，这是世界上少见且罕闻的事。我们举一件很小的事，便可见罢工工人觉悟之普遍与深入了。有一次在某罢工宿舍门前，两个工人的儿子，八九岁，不知因何事起了争端，先则口争，继以扭打。问何以打架？一个说，他骂我的爹娘，骂我的妹妹，都不要紧，但是他骂我是帝国主义，我不打他？一个说，他骂我是地痞，骂我是兔子，都不要紧，但是他骂我是反革命派，我不打他？

省港罢工是中国和世界罢工史上坚持时间最长的罢工。它给英帝国主义以沉重打击，并在中国工人运动史上留下了扬眉吐气的豪迈记录。就其组织之严密，制度之健全，规模之巨大，持续时间之长，影响之深远，在中国工人运动史和国际工人运动史上都是罕见的。过去从不把广州革命政府放在眼里的香港当局，也被迫不得不承认它是一个独立的政治实体，而以平等地位与它举行谈判。这就促进了广东革命根据地的统一和巩固，并为准备北伐战争作出了重要贡献。

十九 “求助信”害了陈延年

陈延年（1898—1927），陈独秀长子，1922 年 6 月，与赵世炎、周恩来一起创建旅欧共产主义组织——中国少年共产党，被选为执委。而后，中共旅欧总支部成立，陈延年等转为中共党员。

1924 年 10 月上旬，陈延年从莫斯科回国。次年 2 月，任中共广东区委书记，接替周恩来主持区委工作。大革命失败后，又到上海继续从事革命工作。

1927 年 6 月 26 日，陈延年在上海被捕。被捕后，仍沉着机智地作斗争。他素来衣着俭朴、皮肤粗黑，像个干粗活的人。在初审时，他化名陈友生，自称是某家雇佣的伙夫。审讯者看他的形象装束，以为颇合其交代的身份，便草草结案，押往龙华看守所。

中共党组织得知陈延年被捕但尚未暴露身份的消息后，立即组织营救，准备以 800 元将他赎出，敌方亦已答应。然而，一件意想不到的事情却使整个营救计划落了空。

陈延年被捕后，给上海亚东图书馆经理汪孟邹写了一封信：“我某日在某处误被逮捕，关押在市警察局拘留所。我是正式工人，当然不会有什么大问题。不日可讯明释放。现在我的衫裤都破烂了，请先生替我买一套布衫裤送来。”

此信署名陈友生，但汪孟邹从字迹上认出，信是陈延年写的。

如果陈延年不写信给汪孟邹，或者汪孟邹按信上说的，买了衫裤送去，可能也就一切平安无事。但汪孟邹与陈独秀是世交，又与胡适相熟，得知陈延年被捕后心急如焚，即到南京找到胡适帮忙。不知道胡适是慌乱无主思绪失还是故意的，他竟企图通过他俩曾经的老朋友吴稚晖营救。殊不知此时的吴稚晖已成为国民党右派核心人物，与中共势不两立。陈独秀也笔不留情，在论战中骂过吴稚晖为“老狗”。

因此，吴稚晖在听到陈延年被捕消息后，竟欣喜若狂地大叫：“好了！好了！老陈没有用，小陈可怕；捉到小陈，天下从此太平了。”于是，一面报告蒋介石，另一面立即给上海警备司令杨虎发了一封“贺函”，称：“今日闻

⊙ 陈延年

尊处捕获陈独秀之子延年……不觉称快，佩贺之至……”吴稚晖还恶毒地毁谤陈延年“恃智肆恶，过于其父百倍”，并竭力怂恿杨虎对陈延年下毒手。

本来杨虎并不知道捕到了陈延年这样重要的共产党人，接吴稚晖信后，也惊喜万分，立即开始严加审讯。陈延年在狱中不知道外面的情况，更不知一同被捕的韩步先已叛变投敌，所以，审问时仍不承认自己的真实身份。杨虎便指令韩步先出来作证。韩步先当堂供证了陈延年，并供出了赵世炎的住址。吴稚晖的告密和韩步先的叛变，使中共的一切营救活动付之东流。

陈延年身份暴露后，国民党妄图诱他供出中共上海的党组织，结果却一无所获，于是对他施以酷刑，将他折磨得体无完肤。但陈延年始终宁死不屈，只字不吐。

国民党无计可施，遂决定杀害他。1927 年 7 月 4 日晚，刽子手以乱刀残忍地将他砍死。陈延年身中数刀后，仍然跳起与刽子手抗争。牺牲时，年仅 29 岁。

二十 “掉包计”功败垂成

陈延年牺牲一年后，他的弟弟陈乔年也在上海被捕，被反动派杀害。

陈乔年，陈独秀次子。1919 年底赴法勤工俭学，是中共旅欧支部领导成员之一。1923 年 4 月到莫斯科东方劳动者共产主义大学学习。1925 年初离开莫斯科回国。

陈乔年回国后，一直在北方协助赵世炎工作。1927 年在中共五大上当选为中央委员。同年 5 月任中共中央组织部副部长；6 月起任中共中央代秘书长。大革命失败后，陈乔年出席“八七会议”，并对其父亲在大革命中所犯的错误进行了毫不留情的严肃批评。会后，陈乔年被党中央先后调任湖北省委组织部部长、江苏省委组织部部长等职。他秘密深入工厂、机关和学校，恢复被破坏的党组织，重新聚集革命力量。

1928 年 2 月 16 日，中共江苏省委在英租界北成都路刺绣女校秘密召开会议。由于叛徒、上海浦东区委书记唐瑞林告密，敌人突然包围了会址，陈乔年和江苏省委机关的负责同志被捕。

陈乔年被英租界巡捕抓获的第二日，便被引渡到了上海龙华国民党淞沪警备司令部看守所，关押在天字监一号牢房。叛徒唐瑞林认识被捕的大多数中共党员，而陈乔年刚调来上海工作不久，唐瑞林并不认识他。敌人知道被捕的人中有陈独秀的儿子，但不知道是哪一个，为了弄清楚谁是陈乔年，就又让唐瑞林施展“苦肉计”。他们把唐瑞林与陈乔年等人关在一间牢房，唐瑞林总是缠着陈乔年问这问那，陈乔年十分警惕。一次谈话时，唐瑞林忽然问：“你是不是安徽怀宁人？”陈乔年即机警地答道：“我是中国人嘛。”唐瑞林的苦肉计最终没有得逞。

⊙ 陈乔年

得知陈乔年的身份没有暴露，中共党组织积极开展营救工作。而当时被捕的人当中，唐瑞林不认识的有三人，除陈乔年外，还有江苏省委秘书周之楚、张永士，都是新来上海工作不久的同志。狱中郑复他、许白昊等同志设下李代桃僵之计，主张牺牲周之楚，由周之楚代替陈乔年，然后救陈乔年出去。周之楚也表现十分英勇，赞同这个建议。法官审讯时，周之楚便自称是陈乔年，法官不知其中的奥秘，就迅速地宣判“陈乔年”死刑，准备把周之楚、郑复他、许白昊处死，把陈乔年放了。

但就在这时，周之楚的父亲得知儿子被捕，也开始了营救工作，周之楚的父亲是个有钱的华侨商人，他利用和龙华警备司令钱大钧的关系打点救人，就这样，敌人最终知道了谁是真的陈乔年。

陈乔年见自己的身份已经暴露，便从狱中托人转告党组织，希望党组织不必再为营救费心，更不必再为他花钱。关押期间，敌人为了得到更多的机密，对陈乔年多次使用酷刑，他始终咬紧牙关、横眉冷对、坚贞不屈。狱中同志见他受了重刑，十分难受，他却淡淡地说：“受了几下鞭子，算个啥。”牺牲前，监狱中的战友十分难过。陈乔年却仍然乐观地说：“让我们的子孙后代享受前人披荆斩棘换来的幸福吧！”

1928 年 6 月 6 日，敌人在上海枫林桥畔将陈乔年枪杀，年仅 26 岁。他与陈延年相隔一年，牺牲于同一个地方，但在两人牺牲前，也没能见上一面。

二十一　李汉俊：一盘没有下完的棋

李汉俊，中共一大13位代表之一。早年毕业于东京帝国大学，获工科学士学位。中共一大就是在他胞兄李书城的房子里召开的。

李汉俊是建党早期对马克思主义最有研究的人之一，连董必武都承认，自己是在李汉俊启发之下，才开始认识、研究、信仰马克思主义的。

李汉俊与陈独秀成立上海共产党早期组织后，创办的第一份刊物叫《劳动界》，这也是中共创办的第一份面向劳动大众的周刊。《劳动界》出版后一纸风行，在上海工人中大受欢迎。在其影响下，《劳动者》《劳动音》等刊物如雨后春笋般相继问世。

遗憾的是，中共三大之后，李汉俊由于在一些问题上与陈独秀、张国焘的意见产生分歧，脱离了党组织，但是，他一直没有脱离革命，利用他胞兄以及国民党左派詹大悲的关系，为革命做了许多工作。汪精卫"分共"后，他继续坚持革命立场和孙中山的“三大政策”，并利用蒋介石、汪精卫争夺国民党最高统治权力的矛盾，掩护了一些共产党人。桂系军阀占领武汉后，李汉俊与詹大悲以省政府名义下令释放在武汉被捕的共产党嫌疑分子 300 多人，营救和保护了大批共产党的干部。同时，在《汉口民国日报》《楚光日报》等报刊上反复揭露反动派的罪行，高呼“国共两党合作万岁”。

1927 年，革命形势到了危急关头，蒋介石、汪精卫相继叛变革命，“四一二”事变、“四一五”事变、“七一五”事变，反动派向工人举起了屠刀。1927 年 12 月 17 日，进占武汉的桂系军阀胡宗铎派出便衣，同租界巡捕闯进中街 42 号李汉俊住宅。李汉俊正穿着睡衣在卧室与詹大悲下棋。军警以“赤色分子”的罪名将他俩拘捕，李汉俊要求换下衣服，都不被允许。就这样，他们两人留下一盘没有下完的棋，被抓进了巡捕房，当晚从租界引渡，押到汉口特别市警察局。在警察局，他与詹大悲要求面见胡宗铎。胡宗铎知道自己做的事情见不得人，拒而不见，不加审讯便下令立即处决。

⊙ 李汉俊

胡宗铎，时任武汉卫戍司令

部司令，人称“胡屠夫”，所谓“宁可错杀一千，不可放过一个”，最早就出自他口。胡宗铎随便杀人到了令人发指的程度。一次军法处长呈送一批破获的“共党地下联络站”名单，对不知内情的厨师、雇工等也拟判5年、8年不等的徒刑。胡宗铎接过名单，看也不看，就用红笔在名单上画了个大圈、批了8个字：“一律枪毙，以免麻烦。”圈画大了，把呈批单下面的军法官签名也一起圈了进去。

1927年12月17日当晚8时，汉口大街上岗哨林立，一群士兵押着李汉俊、詹大悲向空场走去。詹大悲面向荷枪实弹的士兵，痛斥国民党右派背叛孙中山的“三大政策”，屠杀工农，是一群披着人皮的禽兽。李汉俊临刑前，向着漆黑的天空呼道：“胡宗铎的手段真毒辣啊！”随着一阵枪响，李汉俊和詹大悲壮烈牺牲。

二十二　李启汉：革命何曾怕断头

李启汉（1898—1927），湖南江华人，党的早期工运领导人。1917 年，他在长沙岳云中学读书的时候，参加了毛泽东组织的新民学会。1919 年 10 月，跟随毛泽东领导开展"驱张"运动。后到上海加入社会主义青年团，随即又加入共产党上海发起组。在上海创办《劳动周刊》，在小沙渡办工人夜校，领导纺织工人罢工。

他的行动引起了上海资本家的恐慌，更被上海公共租界当局和军阀视为"危险人物"。1922 年 6 月 1 日，租界工部局以"煽动罢工，扰乱秩序"的罪名逮捕了他。李启汉被租界当局判了 3 个月有期徒刑，期满后租界当局不甘罢休，又玩弄"借刀杀人"之计，以"驱逐出租界"为名，将李启汉押解给上海淞沪护军使署。护军使何丰林下令将李启汉关进监狱。

在龙华军事监狱，李启汉始终斗争不屈，坐了 2 年零 4 个月的牢狱，经受了严酷的考验。1924 年 9 月，李启汉才得以释放。对此，邓中夏深有感触地说："李启汉是我党坐牢最早最苦的一位同志。"

⊙ 李启汉

1924年国共合作之后，革命形势有所好转。何丰林在军阀战争中兵败撤出上海。李启汉在党组织营救下出狱，邓中夏、李立三、刘少奇前往陆军监狱迎接，并一同在监狱前合影留念。看到李启汉受到那么大的折磨，他们都禁不住掉下了眼泪。当夜，邓中夏作《启汉同志出狱》诗三首，并写了自序："启汉出狱，喜极而泣，诗以志之。"

其中一首写道：

阴森黑暗的囚狱，
冰冷沉重的镣铐，
粗沙巨细的牢饭，
哦哦，我们的战士，
苦了你了！
屈指数来，
已是两年四个月了。

……

哦哦，我们的战士，

准备迎战！准备厮杀！

坐牢两年，李启汉还有了另外一个名字——李森。两年多的监狱生活，让李启汉形容枯槁、发蓬如草。邓中夏说："你从狱中出来，头发长得像森林一样，不如改名李森，同时也表示我们工人阶级像森林一样，无限众多和无限生长。"

⊙ 1920 年秋，上海中国共产党早期组织在沪西小沙渡（纱厂集中区）开办了工人半日学校，这是党创办的第一所工人学校，由李启汉主持

1927 年 4 月 14 日，正是"四一二"反革命政变的第三天，这天上午，李启汉、刘尔崧等在全总广州办事处开会研究"四一二"反革命应变措施。没想到危险正在临近身边，4 月

15 日，广州军阀集团也发动了“四一五”反革命政变，大肆抓捕共产党人。李启汉走避不及，当场被捕。在被敌人押往监狱途中，他昂首阔步、怒目而视，大骂国民党反动派卑鄙无耻，高呼“中国共产党万岁”等口号。李启汉先是被关押在市公安局拘留所，4 月 22 日又被押往南石头监狱。当敌人审讯他时，他大声说：“我是做工农运动的，你要说我是共产党，那么，所有工农都是共产党了！”

不久，李启汉被敌人秘密杀害，时年 29 岁。

二十三　赵世炎："共产党人杀不完！"

赵世炎（1901—1927），笔名施英，重庆市酉阳土家族苗族自治县人。1915年考入北京高等师范学校附中，1919年经李大钊介绍加入少年中国学会，参加过五四运动，1920年赴法勤工俭学，1921年春，与张申府、周恩来等发起成立旅法中国共产党早期组织，成为中国共产党党员。

赵世炎一家满门英烈，他有个妹妹叫赵君陶，妹夫叫李硕勋，他们的儿子叫李鹏。赵世炎学生时代，曾深受地理教师王勃山的影响。王勃山出身当地有名的书香门第，思想进步，1905年加入同盟会。其女王剑虹为瞿秋白第一任妻子。

1923年，赵世炎和陈延年、王若飞等带领一批青年从法国前往莫斯科东方劳动者共产主义大学学习，1924年回国，先后任中共北京地方执委会委员长、中共北方区执委会宣传部部长兼职工运动委员会主任，协助李大钊领导北方各省的斗争。

1927年7月2日晚，赵世炎在上海被捕。起初他化名

“夏仁章”与敌人周旋，将敌人骗过。后来敌人把叛徒韩步先带来对质，才确认了赵世炎的身份。敌人抓住了赵世炎这个共产党人，如获至宝，加紧审讯，想从他口中套出更多有用的情报。而赵世炎则把审讯当作了斥责敌人的战场，他怒斥道：“北伐以来，广大工农用鲜血和生命打垮了反动军阀，没有工农的支持，就没有北伐的胜利，而蒋介石却背叛孙中山先生遗训，屠杀民众，你们和旧军阀有什么两样，就是一伙卖国贼！”

敌人见硬的不行，就对他进行利诱，北伐军东路军政治部主任陈群专门“接见”了赵世炎，对他说：“先生这样的人才，只要肯为蒋总司令效力，一定会前途无量。”赵世炎说：“让我和你们一样，去屠杀工农？那是不可能的，我正是为了工农不受你们屠杀，才起来斗争的！”陈群说：“识时务者为俊杰，先生你天纵英才，也得先活下来，有了自由才谈得上斗争吧？”赵世炎说：“要杀便杀，不必多言。不过我告诉你，共产党人是杀不完的！”

⊙ 赵世炎

赵世炎知道自己再无活着出狱的希望，就写了张纸条托地下关系带给党组织：

> 我已经没有希望了，但要争取。你们一定要好好照顾失业的工人兄弟，这些人都是党的骨干力量……革命就是要流血，要改造社会就必须付出代价。

7月19日，牢房里早饭刚开过，敌人叫出赵世炎。赵世炎知道最后的时刻到了，他理了理穿在身上的一件半新西装，系好领带，扣好纽扣，从容得好像是去赴宴，走到牢门口，回过头来，扫视难友，点头告别。一出牢房，他就高呼“共产主义万岁！”“打倒新军阀蒋介石！”“工农兵联合起来！”的口号。刽子手们看到赵世炎在死亡的路上还是如此镇定，又听到赵世炎英勇的口号声，不禁为之战栗，连声狂叫：“砍，拿刀砍！”就这样，赵世炎为了革命、为了共产主义的事业，献出了宝贵的生命，时年26岁。

二十四　罗亦农：慷慨登车去

罗亦农（1902—1928），出生于湖南省湘潭县。1920 年到上海法租界一家小报当校对工人，结识了陈独秀。陈独秀亲自介绍他到党的早期组织培养革命干部的学校——外国语学社学习，1921 年春去莫斯科东方劳动者共产主义大学学习。1925 年 3 月回国后，即参加了第二次全国劳动大会，参与领导了五卅运动、省港大罢工和上海工人三次武装起义。先后任中共中央长江局书记、临时中央政治局常委、中央组织局主任。

在第二次全国劳动大会期间，罗亦农写下了《今年五一之国际状况》《今年五一广州之两大盛举》等文章，热情讴歌了第二次全国劳动大会的盛况以及在中国革命史上重大深远的历史意义。

“四一二”反革命政变以后，罗亦农任中共江西省委书记，两个月后又调到湖北，接替张太雷任中共湖北省委书记。在“八七会议”上，罗亦农被选为临时中央政治局委员。1928 年 3 月前往武汉巡视两湖工作，其时，中共湖北省委遭到严重破坏，3 月 20 日，也就是罗亦农抵达武汉的当日，夏明翰英勇牺牲。临刑前挥毫写下了就义诗：“砍头不要紧，只要主义真。杀了夏明翰，还有后来人。”罗亦农冒着极大的风险，千方百计恢复了中共湖北省委。后奉命返回上海，筹备中共六大。

⊙ 罗亦农

1928 年 4 月 15 日上午，罗亦农约山东省委领导同志到自己住处开会，会议开始不久，巡捕就破门而入，逮捕了罗亦农。在此之前，时任中共中央秘书长的邓小平也前来这里谈工作，刚离开几分钟之后，出门看到扮成鞋匠的特科同志向他示意，他知道出事了，立刻快步离开。

原来出卖罗亦农的是他的部下何家兴、贺治华夫妇。当罗亦农进屋坐定，何家兴便悄悄地写了一张便条，叫保姆急速送至英巡捕房。不一会儿工夫，一群巡捕便冲了进来。

4 月 18 日，罗亦农被引渡，押送到国民党淞沪警备司令部。警备司令部司令钱大钧一面电告主子蒋介石请示处理办法，一面又布置军法处处长进行秘密审讯。连续三次审问，罗亦农都坚不吐实，国民党当局没有得到半点对他们有用的东西。4 月 20 日，蒋介石回电，命令将罗亦农“就地处决”。

1928 年 4 月 22 日的《申报》报道说：“临刑前的罗亦农身穿直贡呢马褂、灰色哔叽长袍，衣冠甚为整齐，态度仍极从容，并书遗嘱一纸。”——这是罗亦农对妻子李哲时的遗言，上面写着：“哲时，永别了，望你学我之所学以慰我，灵若有知，将永远拥抱你。”

二十五　林育南：龙华千载仰高风

林育南（1898—1931），出生于湖北黄冈，幼读私塾，先生叫李卓侯，是著名地质学家李四光的父亲，早年参加同盟会，思想进步、学识渊博，对林育南的成长影响很大。后来，林育南就读于武昌中华大学中学部，参加恽代英组织的互助社。五四运动中与恽代英、陈潭秋等组织领导武汉罢工、罢课、罢市的斗争，为武汉学生联合会负责人之一。1922 年初加入中国共产党，任中国劳动组合书记部武汉分部主任。

1927 年 6 月 28 日，第四次全国劳动大会上，林育南被选为中华全国总工会执行委员、秘书长。1929 年春天，奉党组织之命再度赴沪，从事地下秘密工作。

1931 年 1 月 17 日，林育南到上海东方旅社开会，这里是党的一个秘密联络点。会议开始半小时，公共租界捕房探捕与国民党市警察局联合组成的行动队，突然包围了东方旅社。由于叛徒出卖，林育南等 7 位同志被捕。

林育南等被捕后，先拘禁于老闸捕房，两天后引渡给国

⊙ 林育南

民党上海市政府公安局。当天，国民党江苏省高等法院第二分院法庭便迫不及待地开庭审讯。法庭上，林育南等人趁敌人暂时还没有摸清情况之机，各自编好了一套假口供，用以欺骗敌人。林育南受审时，自称叫李少堂，到东方旅社去找朋友，不是开会。国民党当局通过叛徒很快搞清了林育南、何孟雄等人的身份。在又一次审讯中，林育南仍以广告商人李少堂应对，法官奸笑道："你不叫李少堂，你是林育南！"

林育南知道自己的身份已被暴露，轻蔑地回答："你们既然知道，还问干什么？"

敌人终于撕掉了假面具，露出了狰狞的面孔，妄图用酷刑使林育南等同志屈服。林育南深知，国民党当局是绝不会放过他们的，因此没有任何侥幸心理。他们在监狱的墙壁上画了一面红旗，庄严地将自己的名字一一写在上面，以表示对党的无限忠诚和坚信革命一定胜利的坚强信念，并激励难友们坚持斗争。

蒋介石派人对林育南进行"劝降"，蛊惑道："我知道，你们反对李立三、反对王明，我们也反对他们……”林育南打断他的话说：“我们反对他们，是党内路线之争，而我们反对你们，是道不同不相与谋。你们这些反动军阀叛变革命以后，两年的卖国成绩已经超过以前北洋军阀政府十倍百倍以上！”劝降失败后，蒋介石甚为气愤，骂道：“对这类顽固不化的家伙，杀！”

1931 年 2 月 7 日深夜，铁窗外飞舞着鹅毛大雪，狱中的通道呼啸着凛冽的寒风。看守所长带着大批宪兵、打着手电涌进牢房，“何孟雄！”“林育南！”……一个一个点名，将他们带出号子。林育南等 24 位同志看到这情形，全明白了。他们整理了一下自己的衣服，将剩下的衣物分发给同狱的难友们，向他们挥手告别。他们拖着沉重的铁镣，走出看守所的弄堂，异口同声唱起了《国际歌》：

起来，饥寒交迫的奴隶！起来，全世界受苦的人……

林育南等 24 位烈士牺牲后，难友张恺帆在墙壁上题了一首纪念诗：

龙华千载仰高风，壮士身亡志未终。
墙外桃花墙内血，一般鲜艳一般红。

二十六　烈士遗言壮千秋

共产党成立初期，主要工作内容是开展工人运动，因而在与北洋军阀和国民党新军阀的斗争中，牺牲的大部分是工运领导人。他们大多数在英壮之年就为革命事业献出了自己的生命。生命的最后时刻，他们留下的遗言，表现了共产党人的铮铮铁骨，为后人留下千秋壮气。

李大钊，党的创始人之一，北方工人运动领导人。奉系军阀张作霖一直对他恨之入骨，下令通缉。甚至不惜冒天下之大不韪，派军警搜查苏联大使馆，逮捕了李大钊。1927 年 4 月 28 日，李大钊在北京被奉系军阀绞杀于西交民巷京师看守所内。在狱中，李大钊大义凛然、坚贞不屈，就义时，李大钊在绞刑架下

⊙ 李大钊

还作了最后一次演说：“不能因为反动派今天绞死了我，就绞死了伟大的共产主义，共产主义在中国必然得到光辉的胜利。”

邓恩铭是参加党的一大代表中年龄最小的，也是唯一受到过列宁同志接见的少数民族共产党人。1923 年，邓恩铭来到青岛，先后以四方机厂和纱厂为中心，开办工人夜校，传播马克思主义。1925 年 2 月，邓恩铭发动青岛胶济铁路工人大罢工，经过 9 天的斗争，迫使铁路局答应了工人提出的条件，罢工取得重大胜利。1928 年 12 月，由于叛徒出卖，邓恩铭在济南被捕入狱。面对酷刑折磨，邓恩铭咬紧牙关，在狱中还领导了两次绝食斗争，组织了两次越狱斗争，使部分同志得以脱险。1931 年 4 月 5 日，邓恩铭和战友们被押到济南市纬八路刑场慷慨就义，终年 30 岁。

⊙ 邓恩铭

邓恩铭在狱中最后一封书信中，留下遗作《诀别》：

卅一年华转瞬间，壮志未酬奈何天。

不惜唯我身先死，后继频频慰九泉。

施洋，著名工人律师，“二七”大罢工领导人之一。在罢工被镇压之后，遭到反动军阀逮捕。1923年2月15日，吴佩孚给施洋强加“迭次参加工团，公然演说，主使煽惑工人罢工”的罪名，电令萧耀南杀掉施洋。萧耀南在根本没有掌握罪证、没有经过任何法律程序的情况下，就把施洋押赴刑场，秘密处决。

⊙ 施洋

行刑前，刽子手问施洋有什么遗嘱。施洋严肃地说：“我只希望中国的劳动者早日起来，把军阀、官僚和你们这班替他们做走狗的人一起，食肉寝皮！这就是我的遗嘱。”

施洋慷慨激昂地说：“我不怕人、不怕事、不怕死，堂堂做人，反对强暴。你们杀了一个施洋，还有千百个施洋。”

枪声响了，施洋仍在高呼：“劳工万岁！”

林祥谦，京汉铁路总工会江岸分会委员长，在“二七”大罢工中被捕。萧耀南手下的参谋长张厚生把林祥谦绑在江岸车站站台的木桩上，逼迫林祥谦下令复工，遭到林祥谦断然拒绝。他恶狠狠地命令刽子手举刀砍向林祥谦左肩："上不上工？"林祥谦斩钉截铁地说："上工要总工会下命令。我头可断，血可流，工不可复！"屠刀砍向林祥谦右肩，他血流如注，昏死过去。醒过来，敌人再次恶狠狠地问他："现在怎么样了？"林祥谦拼尽最后的力气怒斥敌人："现在还有什么话可说？可怜一个好好的中国，就断送在你们这伙混账王八蛋手里了！"

⊙ 林祥谦

最终，林祥谦壮烈牺牲，时年 31 岁。

二十七　他们都是“工会人”

说起工运史上的领导人，大名鼎鼎者比比皆是。毛泽东、刘少奇、陈云、邓中夏、陈潭秋、赵世炎、罗亦农……个个如雷贯耳。这也不奇怪，共产党成立后第一件大事就是领导工人运动，党的早期领导人也基本上是“工会干部”。

除了这些大人物之外，还有一些知名度没这么高或者工运经历鲜为人知的领导人，也为工运事业作出过巨大贡献。

第一位当推赵一曼。

是的，你没看错，确实是抗日英雄赵一曼。我们熟知的是她毕业于黄埔军校，在东北参加抗日战斗，被俘后在鬼子酷刑之下坚贞不屈。当年很多抗联战士想当然地认为她是赵尚志总司令的妹妹，但她确实做过很长时间的工会干部。

赵一曼（1905—1936），原名李坤泰，四川省宜宾县人。曾就读于莫斯科中山大学，毕业于黄埔军校六期，1926 年加入中国共产党。1931 年“九一八”事变后，奉调到东北领导工人斗争。1932 年任满洲总工会秘书、组织部部长。1933 年，任哈尔滨总工会代理书记，领导了哈尔滨电车工人反日罢工斗争。

⊙ 赵一曼

1934 年春，赵一曼任中共珠河中心县委委员、铁北区区委书记，兼任东北人民革命军第三军第二团政治委员，率部转战于哈尔滨以东地区，给日伪军以沉重的打击。1935 年秋，兼任东北人民革命军第三军一师二团政委，1935 年 11 月，在与日军作战中，赵一曼为掩护部队腿部负伤，后在昏迷中被俘。

后来的事迹，我们都知道了。

赵一曼生前曾作有《滨江述怀》（节选）：

> **未惜头颅新故国，甘将热血沃中华。**
>
> **白山黑水除敌寇，笑看旌旗红似花。**

赵一曼就义之时，留下了对儿子陈掖贤的期盼：“母亲对于你没有尽到教育的责任，实在是遗憾的事情。母亲因为坚决地做了反满抗日的斗争，今天已经到了牺牲的前夕了！母亲和你在生前是永远没有再见的机会了。希望你，宁儿啊！赶快成人，来安慰你地下的母亲！我最亲爱的孩子啊！母亲不用千言万语来教育你，就用实际行动来教育你。在你长大成人之后，希望不要忘记你的母亲是为国而牺牲的！”

陈毅评价赵一曼道：

生为人民干部，死为革命英雄。
临敌大节不辱，永记人民心中。

郭沫若为赵一曼赋诗：

蜀中巾帼富英雄，石柱犹存良玉踪。
四海今歌赵一曼，万民永忆女先锋。
青春换得江山壮，碧血染将天地红。
东北西南齐仰首，珠河亿载漾东风。

董必武也曾赋诗（节选）：

抗倭未胜竟成俘，不屈严刑骂寇仇。
自是中华好儿女，珠河血迹史千秋。

第二位工会领导人是蔡畅（1900—1990）。她是蔡和森的妹妹、李富春的妻子、长征途中年龄最大的女红军，党内人称“蔡大姐”，曾担任中华全国总工会女工部部长。

第三位工会领导人是杨之华，她与蔡畅、邓颖超等曾

⊙ 蔡畅

结为“八姐妹”。尽管她不如前两位有名，但提起她爱人却无人不晓——他就是瞿秋白。

杨之华（1901—1973），浙江萧山人，1924 年加入中国共产党。在杭州女子师范学校读书时参加五四运动。1925 年 10 月任中共上海地委妇女部部长、中共中央妇女部部长等职。在任中共上海区委妇女部主任时，杨之华曾参加上海纱厂工人罢工、五卅运动、上海工人三次武装起义。1927 年“四一二”反革命政变后，赴武汉参加党的五大，当选为中共第五届中央委员。新中国成立后，历任全国妇联国际部部长、党组成员、副主席，全国总工会女工部部长、党组成员。在中共八届十中全会上当选为中央监察委员会委员、候补常委。

⊙ 杨之华

第四位工会领导人是郭隆真。别看郭隆真名气不算大，但革命资历非常深。她是邓颖超的姐妹。

郭隆真（1894—1931），原名郭淑善，化名石衫、石珊。五四运动中，郭隆真和刘清扬、邓颖超等一起筹备成立了天津女界爱国同志会，又与周恩来、邓颖超等20余人成立觉悟社，觉悟社成立时，按抽签顺序给每个人起了一个化名，邓颖超抽到一号，化名逸豪，周恩来抽到五号，化名伍豪，而郭隆真抽到十三号，化名石珊。

1920年11月，郭隆真同周恩来等人一起赴法勤工俭学，1923年加入中国共产党。1924年秋，与李富春、蔡畅等15位同志被派往莫斯科东方劳动者共产主义大学学习。1925年5月奉调回国，在李大钊负责的北方区党委领导下工作。

1929年，郭隆真任中共满洲省委职工运动委员会书记，到哈尔滨指导工人运动，她在“三十六棚”工厂门口摆起一台缝纫机，给工人缝补衣服，借机与工人接触交流，开展宣传工作。她还秘密组织并联络工人，领导了多次罢工斗争。

⊙ 郭隆真

1930年6月，党中央派郭隆真前往青岛，任山东省委委员、青岛市委宣传部部长。郭隆真与陈少敏等同志经过共同努力，不仅重建了党组织，而且连续发动了几次罢工。

1931 年春，郭隆真被捕，国民党山东省政府主席韩复榘亲自审讯她。郭隆真坚贞不屈，1931 年 4 月 5 日，郭隆真被绑赴济南纬八路刑场。敌人在行刑前对她说：“现在你只要说出共产党的秘密，便可获得自由。”郭隆真坚定地回答：“宁可牺牲，决不屈节！”她高呼革命口号，英勇就义，年仅 37 岁。

还有一位工会领导人，叫陈少敏。

如果有人对她不熟悉，那不奇怪。因为工运史上，著名的工会领导人太多了，陈少敏确实算不上最著名的那一批，排不进“第一梯队”。但是，有一件事让她史册留名，那就是党的八届十二中全会，讨论通过“永远开除”刘少奇党籍之时，她是唯一一位没有举手的中央委员。

陈少敏（1902—1977），原名孙肇修，山东寿光人。1927 年投身革命，1928 年加入中国共产党。毛泽东曾称赞她是“白区的红心女战士，无产阶级的贤妻良母”。

陈少敏于 1923 年加入了邓恩铭等人组织的秘密工会，因参加罢工被厂方开除。1927 年加入共青团，1928 年转为共产党员，并返回青岛领导工人运动，在她的参与领导下，青岛的人力车夫 1000 多人组织了声势浩大的抗租罢工。

⊙ 陈少敏

1934 年秋，陈少敏来到内黄县沙区一带开展妇女工作。因为她从小没有缠过脚，群众都叫她“陈大脚”。她上马能打仗杀敌，下马能光脚插秧，敌人传说共产党员中有一位了不得的女将，脚有一尺长，走路一阵风，手使双枪，左右开弓，是个极厉害的人物。1935 年，她化名“老方”到冀鲁豫特委担任组织部部长，动员农民起来斗争，还建立了一支 300 人的游击队，反动政府到处通缉“大脚老方”。

1945 年 6 月，陈少敏在中共七大上被选为候补中央委员。在战争岁月里，她身体受到很大损害，不得不入院休养。1949 年 5 月初，她身体初步好转，便急迫地要求工作。她给老领导刘少奇、周恩来写了一封信，要求组织分配工作。

少奇、恩来同志：

我在此检查结果尚好，不像过去医生说的那样吓人。大夫说可以工作，只要不是爬山、跑步和在大会讲话的工作就行，用脑子的工作是可以做的。我相信吴大夫的话，所以我准备把腿病治好后回到工作中去，最晚

6月初可以到工作中去，请求分配我的工作吧！

关于我的工作问题，地区我没有意见，和谁在一起工作，我也没有意见。但在工作部门上我就有个要求。我做不了专门的妇女工作，女同志爱闹小意见，我没有那个耐性受那个气。另外我做组织工作也不行，因为我粗心，工作上易犯错误，对干部的方法太简单、太直率，对落后要求一点也不能让步，最容易惹得干部不满意。分配工作时还是把我分到少犯毛病的工作中去，最好分配我去做工人工作或农民工作（从一个工厂或从一个生产合作社做起）。最理想是让我到一个工厂中，以工人工作为中心，联系其他工作。做上三年五年工作是可以的。

周恩来收到陈少敏的来信后，第二天就找到刘少奇会商，安排她到全国总工会工作。

后来，她曾任中国纺织工会第一任主席，中华全国总工会书记处书记，中华全国总工会党组副书记、副主席等职，在工作中曾发现和培养了郝建秀等女工典型。在党的八大上，她当选为中央委员。

二十八　叛徒没有好下场（1）

我们看到革命先烈的事迹，会发现其中一个现象：除了牺牲在战场上的同志之外，很多人都是牺牲于“叛徒出卖”。在革命年代，英雄志士前赴后继的同时，各类叛徒也层出不穷。共产党的入党誓词里至今留有一句“永不叛党”，如果究其源流，在很大程度上可能是因为，历史上叛党的实在太多了。

这些人当初以各种各样的原由投身革命，后来又以各种各样的原因叛变革命，分析其叛变原因，无非出于三种：一是放弃理想动摇信念（缺心）；二是贪生怕死骨头软化（缺钙）；三是钱色诱惑卖友求荣（缺德）。

不论何种原因做了叛徒的，全都没有好下场。

顾顺章，早年在南洋烟草公司当工头，因为敢打敢杀，在工人中颇有影响。1924 年加入中国共产党，一度担任苏联顾问鲍罗廷的卫士。1927 年，在上海工人武装起义时，被推举为工人武装纠察队总指挥。“四一二”反革命政变后，他协助周恩来领导中央特科。在“八七会议”上，顾顺章当上了中央政治局候补委员。

1931 年 4 月下旬，顾顺章从上海护送张国焘、陈昌浩去鄂豫皖根据地后，取道武汉回上海，途中落入国民党武汉警察局局长蔡孟坚手中，随即叛变，供出了向忠发、周恩来、瞿秋白的住处及中央秘书处、特科机关所在地。由于他的叛变，中共地下组织遭到了极大的破坏，先后被捕的有 800 多人，致使上海等地的地下党机构几乎完全被摧毁，多人被捕杀。

顾顺章被押解到南京的第二天，就向特务机关指认了恽代英，结果，在恽代英经党组织多方营救、眼看即将出狱脱险之际，却被敌人杀害在南京雨花台。1931 年 6 月，顾顺章亲自带人到香港，抓获了中共政治局常委蔡和森，致使蔡和森被害。1933 年，陈赓在上海治好腿伤即将返回苏区前夕，也落入了顾顺章布下的罗网。只因陈赓早年对蒋介石有救命之恩，在宋庆龄等各界人士营救之下，蒋介石对其“特赦”，才逃过一劫。

对于顾顺章的叛变，毛泽东亲自签发通缉令——《为通缉革命叛徒顾顺章事》，通缉令历数顾顺章的种种罪行，并称：

在苏维埃区域，要遇到这一叛徒，应将他拿获交革命法庭审判；在白色恐怖区域，要遇到这一叛徒，每一革命战士，每一工农贫民分子有责任将他扑灭。

顾顺章叛变后，摇摆于中统和军统之间，在两方面都邀功买好，因巴结军统的戴笠，不久便遭到中统的冷落。1933年开始，顾顺章逐渐感到自己在国民党内失去了利用价值，不甘寂寞的他竟然异想天开，密谋建立“新共产党”，被贴身保镖林金生告发。几个月后，顾顺章被国民党拘押，1935年6月被秘密处死于苏州监狱，死况甚惨。由于他在特务中名气很大，传说其不仅精通化装术、魔术，而且还会催眠，甚至“土遁术”，临刑前特务给他穿了“琵琶骨”，以防其逃跑。

向忠发，1880年生于上海，出身贫寒，小学辍学后随父母迁回湖北原籍，14岁开始在汉阳兵工厂、汉阳造币厂学徒，后来进入汉冶萍公司属下的轮船上做事。因为识字较多、办事能力较强被许白昊吸收参加工会工作。1922年，许白昊发展他加入中国共产党，成为中共早期为数不多的工人党员。1927年5月，在中共五大上当选为中央委员。因为共产国际和斯大林看重工人出身的“血统”，1928年7月，在中共六届一中全会上向忠发当选为中共中央总书记，一步登天成为中共领袖。

其实当时尽管王荷波、邓培等已经牺牲，但党内工人出身的干部还有很多，如史文彬等，论工作能力和个人品质均高出向忠发许多，但共产国际的米夫与王明偏偏看中了向忠发，因为他会投机、听话。向忠发虽然出身工人，但身上没有一点工人阶级优秀品质，也没有领导能力，在任总书记期间，用党的经费大肆挥霍，住洋房、养小老婆，搞得部分领导人对此议论纷纷。

1931 年 4 月下旬，顾顺章叛变。当时的中共地下党员钱壮飞得到情报后，立即赶往上海向周恩来报告，中共中央机关得以迅速转移。

在得知顾顺章叛变后，中共中央马上通知向忠发搬家，接着又决定让他转移到江西中央苏区去。其时，向忠发在上海法租界与青楼女子杨秀贞以夫妻身份同居。向忠发舍不得杨秀贞，提出离沪前无论如何要见杨秀贞一面。结果顾顺章在其必经之路设下埋伏，第二天，向忠发去车行租车时，特务围上前去将他抓捕。

得知向忠发被捕之后，周恩来焦急万分，马上动用各方面力量组织营救，结果很快传来消息，向忠发已经招供，无法营救了。

被捕之后，向忠发即折节叛变。他交代自己是共产党的总书记时，向敌人乞求饶命。起初巡捕说什么都不肯相信：“你真的是共产党的总书记？我们平时抓到那些小共产党，哪个不是将我们骂得狗血淋头，没见过像你这样熊的。”向忠发则自称：“我虽是总书记，但我是没有实权的。全是王明那帮知识分子耍猴把戏，我不过是个跳圈的猴子。”

杨秀贞虽是一个烟花女子，并非中共党员，但在受审讯时却立场坚定，一开始并不承认向忠发是中共党员。特务们又动刑审问，她还是说不知道。竟然是身为中共中央总书记的向忠发，走到杨秀贞那里说道：“交代了吧，他们都知道了。”

向忠发在被捕后的第二天，被引渡到淞沪警备司令部。由于前有顾顺章叛变，向忠发已供不出别的中共秘密，蒋介石下令将其就地枪决。

二十九　叛徒没有好下场（2）

没有一次背叛不需要付出代价，没有一个叛徒能有好下场。

1928 年 4 月 15 日，罗亦农被捕遇害。出卖罗亦农的是叛徒贺治华及其丈夫何家兴。贺治华原是四川开江女中教员，能流利地说英语、德语，19 岁时随同朱德赴欧洲，后又转到苏联。在这一时期，贺治华嫁给了朱德，于 1926 年生下女儿朱敏。

1926 年 5 月，党中央决定调朱德回国，考虑到国内环境恶劣，朱德只好让贺治华和女儿朱敏暂居苏联。谁知朱德走后不久，注重生活享受的贺治华便与从法国前来莫斯科东方劳动者共产主义大学的青年何家兴结了婚。

1928 年初，组织上安排何家兴、贺治华夫妇回国，在上海做地下工作。贺治华回国后，继续追求物质生活享受，但是党的经费紧张，机关的工作人员生活费远远不够何家兴、贺治华夫妇吃喝玩乐的花销。由于他们不守秘密与工作纪律，多次受到罗亦农的严肃批评，因而对罗亦农怀恨在心。

1928年4月15日，罗亦农通知何家兴，要与刚来上海的山东省委书记碰面，让何家兴事先做好安全防范准备。何家兴迫不急待地到巡捕房告了密，当罗亦农与山东省委书记会面时，被英租界的巡捕逮捕。

在此之前，罗亦农先约见邓小平谈工作，在邓小平刚离开几分钟后，巡捕冲进房间抓走了罗亦农。躲过一劫的邓小平立即向周恩来作了报告。当日，周恩来马上召集特科的陈赓等人开会，立即断定贺治华和何家兴是叛徒，作出了锄奸决定，由陈赓带人执行。

4月25日清晨，一队迎亲队伍来到何家兴的住宅前，在猛烈鞭炮声中，中央特科的“红队”冲入房中，开枪打死了何家兴。贺治华没有死，被打瞎了一只眼睛，送到医院救治。

被“红队”处决的叛徒还有王复元。王复元，山东历城人，1922年加入中国共产党。1926年10月任中共山东区执行委员会委员、青岛市委书记，曾代表中国劳动组合书记部济南分部参加全国劳动大会。

王复元掌权后私欲膨胀，多次贪污公款。1927年4月27日，党组织派他出席第五次全国代表大会，带回拨给山东党组织的活动经费1000元，而王复元竟将这笔经费据为己有。邓恩铭发现这一丑事后，将王复元开除党籍。王复元成为中共党史上因贪污腐败而被开除出党的第一人。王复元怀恨在心，竟卖身投靠国民党，发表了“反共宣言”，还担任了“捕共队长”，带领特务秘密抓捕了邓恩铭等 17 人，致使中共山东省委机关遭到严重破坏。

王复元叛变后，周恩来在上海召开紧急会议，指出：“叛徒不铲除，山东的工作没有出路。”中央决定派中央特科成员赴山东锄奸。1929 年 8 月 16 日，“红队”清脆的枪声震动了青岛中山路，王复元被中央特科处决。

叛徒白鑫，黄埔军校一期毕业，大革命时期加入中国共产党。大革命失败后，被调到上海中共中央军委任秘书。在国民党中统特务范争波的策动下，叛变投敌。敌人开出的条件是一笔钱和一本出国留学护照。

1929 年 8 月 24 日下午，中共中央军委领导人开会，到会的有彭湃、杨殷、颜昌颐、邢士贞、张际春。周恩来本来也要到会，但临时因故而未参加。会议刚开始不久，大批军警就包围了会场。

敌特机关如此准确地掌握中央军委开会的时间、地点，并拿着名单准确无误地捕人，肯定是内部出了叛徒。中央特科很快查明叛徒就是白鑫。当晚，周恩来亲自主持召开紧急会议，决定了两大紧急任务：一是千方百计营救彭湃、杨殷等同志；二是一定要找到白鑫的行踪，尽快制裁，以绝后患。

狡猾的叛徒白鑫自出卖彭湃等领导人后，知道自己必然要成为“红队”惩罚的对象，因而像老鼠一样躲了起来，深居简出、不露踪迹，由国民党特务严密保护。同时，他让国民党报纸刊登报道，说白鑫“年幼无知，误入共产歧途”，“蒋主席爱护青年，下令释放，既往不咎，并于日前去往南京”，以此散布烟幕、遮人耳目，实际上他正准备乘船离沪，前往意大利“留学”，以逃脱惩罚。

1929 年 11 月 11 日下午，陈赓亲自指挥 10 多名“红队”队员，在法租界范争波公馆门外化装潜伏。傍晚，一辆轿车停在公馆门口，中统特务范争波带着 3 个保镖，出门为一位面色白净、衣冠楚楚的青年送行。只听范争波对那个青年说：“白鑫老弟这次为党国立下巨大功劳，使我们得以生擒共产党首领彭湃、杨殷等人，蒋主席甚为欣慰……”那个被叫作白鑫的青年谦卑地点头哈腰、连连称是。

正当白鑫与众人告别、准备钻进小汽车时，突然，围观的人群中响起一声暗号，几个人拔出手枪就向范争波等人射击。白鑫知道这次暗杀是冲着他来的，吓得拼命狂逃。刺客们怒吼：“白鑫，哪里走！”从后面向白鑫连连开枪，将其当场击毙。

死于正义处决的还有叛徒李涤生，他早年为株萍铁路工人。1922 年起任安源路矿工人俱乐部总代表，是李立三在安源发展的首批党员。1927 年 9 月，在安源参加秋收起义。曾任湖南省委工人部部长、湘东特委委员。1928 年 5 月、6 月左右，在湖南长沙叛变，因消息隔绝，中共中央未能得知消息，在 1928 年 6 月至 7 月召开的中国共产党第六次全国代表大会上，仍被选为中央委员，11 月才被除名。

1930 年 8 月，彭德怀率红三军攻占长沙后，李涤生在长沙火车站被红军抓获并处决。

此外还有叛徒朱锦棠，他是湖南醴陵人，曾与李立三一起发动过安源罢工，任安源路矿工人俱乐部窿内主任。1928 年任顺直省委前委书记不久，携公款跑回原籍，买地盖房成为地主。新中国成立后被逮捕判刑，1966 年病死。

三十　叛徒没有好下场（3）

工运史上还有一些叛徒，他们同样也没有好下场。

卢福坦，山东泰安人。早年是山东淄川县鲁大公司工人，1926年由王尽美介绍加入中国共产党，历任中共山东青岛市委书记、中共山东省委书记、河北省委书记、河南省委书记等。1932年任上海总工会委员长，后任中华全国总工会党团书记，再后兼组织部部长。

党的六届一中全会上，向忠发一跃上位，而卢福坦也因为是工人出身进入政治局成为候补委员，在六届四中全会上被王明看中，成为政治局正式委员。1931年，卢福坦接替罗章龙担任中华全国总工会的负责人后，周恩来找他谈话，宣布他进入书记处工作，成为实际的常委之一。

1933年卢福坦被捕后叛变，曾任国民党特务机关中统徐州特区行动股长、中统上海区情报股长等职。中华人民共和国成立后，被公安机关逮捕，长期关押。1969年11月，由康生、谢富治签署命令，将其秘密处决。

徐锡根，原上海厚生纱厂工人，参加了上海三次工人武装起义。1928年任江苏省委兼上海市委书记，上海工联委员长、党团书记，中华全国总工会党团书记。1932年，因顾顺章叛变而被捕，后亦叛变加入中统特务组织。1934年任中统江西特务室主任，参与制造了在党史上著名的“政治上的皖南事变”，包括八路军驻港办事处主任廖承志、南方工委副书记张文彬、宣传部部长涂振农、组织部部长郭潜等先后被捕。其中，郭潜被捕后叛变并带领特务捉拿其他同志。

1947年秋，徐锡根在国民党溃逃时被“军统”抛弃，于新中国成立后不久在重庆被捕，受到审判。

余茂怀，又名余飞，1920年担任中国劳动组合书记部上海执行部干事，翌年加入中国共产党。北伐战争中，领导参加上海工人三次武装起义。参加中国共产党第六次全国代表大会，当选为中央委员，在第五次全国劳动大会上被选为中华全国总工会执行委员。先后担任过中共上海闸北区委、江湾区委书记，中华全国总工会代理委员长、委员长等职。

顾顺章、向忠发相继叛变后，余茂怀潜回安庆。1932年10月在安庆被捕而变节，并在南京《中央日报》上发表“余飞告共党同志书”，翌年在南京加入国民党。新中国成立后，于1955年7月被上海市公安局逮捕；翌年病故于上海监狱医院，终年54岁。

陆沉，原名卢斌，1921 年入党，曾在安源和李立三、刘少奇一起开展工运活动，任安源团地委书记。1924 年冬任安源路矿工人俱乐部主任。1927 年参加“八七会议”，会后任鄂北特委书记。1928 年调任江西省委书记。1929 年后参加了托派组织，1930 年被开除党籍，后被国民党逮捕叛变，1935 年投靠 CC 派，派赴青岛任中统胶东特派员。抗战时期任国民党鲁东行署主任。1940 年因内讧被蓝衣社杀死。

三十一 “刑场上的婚礼”

1927 年 12 月，广州起义失败后，起义领导人、广州工人纠察队总队长周文雍和陈铁军被捕。临刑前他俩举办了“刑场上的婚礼”，从容就义。周文雍豪迈地说：“让反动派的枪声作为我们结婚的礼炮吧！”

这并非周文雍第一次被捕。就在此前一个月，他因领导工人罢工被反动军阀捕入监狱，后被同志们巧妙地营救出来。出狱后，他转身便投入发动广州起义，起义失败后又不顾危险，四处营救同志，并伺机再次发动进攻。

我们这里要说的，便是这次惊险而神奇的、堪称电影情节的营救行动。

1927 年 10 月，广州笼罩在白色恐怖之中，军阀张发奎强行解散罢工工人纠察队，到处张贴禁止罢工的“公告”。周文雍不为所惧，经过精心布置，在 10 月 23 日深夜发令，1000 名工人立即从 100 个地方涌上街头、组成队伍、散发传单、高呼口号、游行示威。反动军警大吃一惊，急忙调兵围捕。周文雍为掩护群众撤退，不幸受伤被捕。

当晚，中共广东省委、广州市委召开紧急会议，参加会议的有吴毅、黄平（后来叛变）、陈郁等人，得知周文雍没有暴露身份，马上作出了智救周文雍的决定。

地下人员打听到周文雍被囚禁在6号监狱，便派出洋务青年女工陈小燕假扮周文雍的妹妹到狱中送饭，饭上面放了两块肥猪肉，下面都是辣椒粉。事先他们已将计划和周文雍通了气，周文雍按党的要求把辣椒饭全部吃光。第二天他就发起烧来，满脸通红，捂着肚子叫痛。狱中的共产党员鼓动被捕群众大声鼓噪说："不好了！监狱有人患伤寒病啦！伤寒是传染病！会死人的！"很快整个监狱都鼓动起来了。监狱长急忙带了狱医前来检查。监狱的医生姓黄，是一个思想倾向进步的中年人。事前陈铁军以"表亲"关系去拜访过他。他为周文雍检查听诊后，捂着鼻子说："是伤寒，赶快送往医院隔离！"

⊙ 周文雍和陈铁军

监狱长担心疾病传染，便将周文雍转送到西湖路市立医院犯人留医室。

第二天中午，正值看管留医室犯人的军警交班，忽然闯进来一个穿长衫的人，撩起长袍，拔出两只驳壳枪对准了军警。这时又冲出几个人，缴了军警的枪，冲进留医室，用灰色床布把周文雍包裹着背出医院。一辆事先准备好的汽车风驰电掣驶来，接上他们后，驰向沙河的石场。

汽车到了目的地，司机徐寿光才看清楚灰布卷着的是周文雍，他惊讶之余不禁大笑起来。第二天，香港的《循环日报》和《超然报》在头版登载了这个事件。

周文雍获救后，又马不停蹄投入战斗。第二次被捕后，敌人对他严刑拷打，但他始终坚贞不屈。他自知这一次出狱无望，便在监狱墙上写下遗诗：

头可断，肢可折，革命精神不可灭。

志士头颅为党落，好汉身躯为群裂。

1928 年 2 月 6 日，是旧历元宵节，敌人将周文雍、陈铁军押赴红花岗刑场。他们沿途高呼“打倒国民党反动派！”“中国共产党万岁！”周文雍献出了年轻的生命，牺牲时年仅 23 岁。

三十二　被细节耽误的营救行动

我们常说：“细节决定成败。”在平常时期，细节可以成事，也可以败事，而在新中国成立前血与火的斗争中，细节可以救命，也可以送命。

在 20 世纪 20 年代，中共特科在上海营救被捕的杨殷与彭湃的一次行动，就因为一个细节而功败垂成。

1929 年 8 月 24 日，由于叛徒告密，杨殷与彭湃等一批共产党人在上海被捕。

他们的被捕，是由于曾在彭湃手下工作过的白鑫告密。白鑫是彭湃的秘书，被白色恐怖吓破了胆，对革命前途丧失了信心，敌人以一个“出国留学指标”将他收买了过去。

1929 年 8 月 24 日上午，白鑫接到彭湃的指示：下午 3 时在白鑫的家中召开军委会议。白鑫借口胃病发作，外出向上海中统特派员范争波告密。

会议刚开始不久，几辆红皮钢甲车载着法租界的洋巡捕与中国密探驶到白鑫夫妇的住宅，将住宅四面包围。特务们冲进来时，依照手中的名单捕人，“谁是伍豪？谁是彭湃？谁是杨殷？”在场的5个中央领导人都被戴上手铐，押进了囚车。

彭湃、杨殷被捕后，周恩来、陈赓组织了营救行动。他们预计租界当局会引渡彭湃、杨殷等人，遂派出特科所有行动人员准备在半途拦截营救。8月28日清晨，彭湃等人被押上囚车，送往沪南龙华。

此时，陈赓指挥中央特科人员已在半路埋伏好，他们有的装作拍电影外景的，有的装作摆小摊的，有的装作过路人……他们还准备了装有许多米袋的大车，打算用它挡住囚车，然后下手。囚车开进了伏击圈，一声哨响，全体人员一齐动手。但这时，一个没有想到的情况发生了。原来特科工作人员高度重视这次营救，专门为此购买了全新式的勃朗宁手枪，但由于不熟悉枪械性能，没有将枪身的保护油脂擦掉，枪支无法打响。敌人见情况不对，加大油门窜逃而去。特科人员只好眼睁睁地看着囚车开走，一个个扼腕叹息。

国民党当局曾企图劝降杨殷：“你是老同盟会员，曾跟国父推翻清朝，义薄云天、名震天下。只要你现在回心转意，重归国民党队伍，蒋先生是不会亏待你的。”

杨殷冷笑一声道：“你们背叛中山先生三民主义于前，屠杀工农群众于后，是一群祸国殃民、双手沾满革命群众鲜血的败类。我杨殷铮铮男儿，岂肯与败类为伍？”

劝降不成，又受到这次行动惊吓，蒋介石为了避免再次节外生枝，下令将他们就地处决。

8 月 30 日，彭湃、杨殷、颜昌颐、邢士贞被押赴刑场。临刑前，杨殷从容镇定、慷慨自若，笑对狱友说：“朝闻道，夕死可矣！”他慷慨地向士兵及狱中群众说了最后赠言，唱着国际歌，高呼口号，英勇就义。杨殷临刑，士兵们失声痛哭，连看守员也为之掩面。

9 月 5 日，中共中央为澎湃、杨殷、颜昌颐、邢士贞等四烈士被害发表《告人民书》，号召广大人民群众“以革命的斗争回答白色恐怖”。

三十三　革命“夫妻”与爱情

在革命战争年代，特别是在地下斗争中，为了工作的需要，有许多革命同志假扮夫妻，就像《潜伏》里的余则成那样与敌人周旋。

也有一些同志在工作中逐渐产生了感情，最后结为真的夫妻，例如陈少敏就是这样。

1929 年冬，陈少敏受党组织的委派到达青岛，领导工人运动。当时的青岛还笼罩在一片白色恐怖之中，中共山东省委由于叛徒王复元和丁惟尊的出卖，遭到严重的破坏。1930 年 3 月，党中央选派任国桢任山东省委书记兼组织部部长，在青岛重新恢复和建立了党的组织。

任国桢，原名任鸿锡，出生于辽宁安东县。在北京大学就读期间，任国桢与在校兼课的鲁迅先生相识并结下深厚友谊。他翻译的《苏联的文艺论战》一书，经鲁迅先生校订并撰写《前记》。任国桢 1924 年加入中国共产党，1925 年任中共奉天支部书记，之后历任中共哈尔滨县委书记、哈尔滨市委书记、满洲省委委员、满洲省委临时常委、候补常委兼哈尔滨市委宣传部部长等职务。陈少敏在任国桢的领导下开始了在青岛的革命工作。她深入工人之中，启发他们的阶级觉悟，号召他们组织起来。陈少敏说：“其实咱们工人完全可以团结起来，自己建立自己的工会组织，只要大家一条心，齐心和资本家斗，就能维护我们自己的利益。”

出于掩护革命身份、便于开展革命工作的需要，中共山东党委决定让陈少敏与任国桢假扮夫妻，组织开展革命工作。陈少敏对此起初感到很为难，不太愿意接受这项任务，但出于革命大局考虑，仍然服从了组织决定。

在工作中，任国桢每天都抽出时间帮助陈少敏学习文化，给她读文艺作品，讲马克思主义理论，使陈少敏的文化和马克思主义理论水平有了很大提高。后来陈少敏回忆说：“我今天这些文化，都是从老任那里学习来的。”

为了发动青岛人力车夫罢工斗争，陈少敏与任国桢常常到青岛人力车夫聚集较多的车站、码头和闹市区进行调查和组织工作。为了防止引起军警的怀疑，任国桢假扮人力车夫到码头和车站拉活，陈少敏假扮贵妇人、家庭妇女等身份坐车。

经过任国桢和陈少敏的努力，青岛市的工会组织终于又重新组织起来。在工会的领导组织下，1930 年 7 月 21 日，青岛的人力车夫等工人在陈少敏等人领导下，组织了声势浩大的抗租罢工，全市有 1000 多名工人参加。

在一起工作和生活的日子里，同志的革命理想和真挚的爱情让两个人慢慢走到了一起。1930 年 6 月 26 日，经过组织的批准，两人举行了简朴的婚礼。

“九一八”事变后，任国桢被派往山西恢复、健全党组织，开展抗日武装斗争。到太原后不久，山西特委秘书处被敌人包围，任国桢等人被捕。面对敌人，任国桢毫不畏惧，任凭严刑拷打，始终严守党的秘密。

1931 年 11 月 13 日，任国桢被杀害于太原小东门外，时年 33 岁。

三十四　印刷工人组建“红队”

20世纪30年代，中央特科的“红队”在上海声名远播。它在周恩来、陈赓等领导下，负责锄奸反特。特务、叛徒一听这个名字，无不胆寒魄散。

但是，很少人知道，“红队”的组建者是一位印刷工人，也是一位工会干部，他就是党的早期工运领导人徐梅坤。

徐梅坤名头不算很大，却颇有几分传奇色彩。他于1893年出生于萧山一户贫苦农民家庭，与毛泽东同岁。10岁起做学徒，后在杭州当印刷工人。五四运动时期，受新思潮影响，发起成立浙江印刷公司工作互助会，领导开展工人罢工斗争，创办了浙江第一张工人报纸《曲江工潮》。1921年回到上海，进入民国日报社工作。

中共建党之初，共产党员大部分是高级知识分子，陈独秀看到，作为无产阶级的政党却没有一个工人党员，很是遗憾。一次偶然的机会，他通过《民国日报》编辑部的邵力子结识了徐梅坤，相谈之下甚为投缘，遂于1922年初介绍徐梅坤加入中国共产党，成为江浙地区第一名工人党员。

徐梅坤入党之后，向陈独秀建议首先应该在印刷工人中筹建工会，因为印刷工人大多有知识、有文化，比较容易组织起来开展工作。陈独秀同意了他的建议，介绍他到商务印书馆编辑所工作，在那里徐梅坤认识了沈雁冰（茅盾），随后又发起成立了以印刷工人为主体的工人群众团体“旅沪工人同乡会”，有400多人参加。他还前后发展了多名基层工人入党，其中一位女工名叫王根英，后来与陈赓结婚，是我党早期少数的女工党员之一。

1922年底，徐梅坤发起成立有2000多名印刷工人参加的上海印刷工人联合会，被推选为工会主任。

从1922年起，徐梅坤先后担任中共上海地方执行委员会兼江浙执行委员会书记、上海印刷总工会委员长、上海总工会组织部部长和全国印刷总工会委员长等职。此后受党的委派，赴杭州建党，赴绍兴、宁波发展党的组织，还参与领导了商务印书馆的罢工斗争。1923年6月，徐梅坤出席中共三大，并当选为中央执委会候补委员。

在上海期间，徐梅坤奉命组织了中共第一个秘密特工小组，专门惩治工贼及叛徒。他们从外滩的洋水兵那里买来了4支手枪，加上几柄斧头作为武器。这个特工小组就是大名鼎鼎的中央特科的重要组成部分。

1926年，徐梅坤与罗亦农、赵世炎、汪寿华、李泊之、奚佐尧等人领导了上海第一次工人武装起义。在后来上海工人第三次武装起义中，徐梅坤担任南市区总指挥。

1927年“四一二”反革命政变后，徐梅坤护送周恩来离开上海，在返回上海路过萧山时被叛徒王华芬发现告密，遭到国民党反动派逮捕，起初判为死刑，后由蔡元培出面营救，才改判无期徒刑，再通过邵力子说情，被判处10年有期徒刑。1935年9月，他因病重被保释出狱，后改名徐行之，与组织失去了联系。出狱后，他曾于1939年在重庆见到了周恩来，他把自己在狱中情况如实地向党做了汇报，并希望尽快回到党组织里来。周恩来对他说：“你在党外多做些工作也很好，我相信你有一天能回到党内来。”

1981年6月8日，经中共中央组织部批准，已88岁高龄的徐梅坤重新加入中国共产党，成为党史上一段佳话。1997年1月17日，徐梅坤在北京病逝，享年104岁。

三十五　“祝寿”掩护“苏准会”

大革命失败后，中共中央和中华全国总工会由武汉秘密迁回上海。共产党像身受重伤的武林高手，回到出山之地休养生息。

1929年初冬，一位华侨富商在上海繁华区英租界租下了一栋坐北朝南的三层楼房。这位华侨中等身材、脸面方正，一对浓眉引人注目，他的“太太”面如满月、雍容华贵。两人出双入对，一副阔绰的样子。

这位华侨就是林育南，他奉党组织之命再度赴沪，从事地下秘密工作。

他的“太太”叫张文秋，后来是毛泽东的双重儿女亲家：大女儿刘思齐嫁给了毛岸英，二女儿邵华嫁给了毛岸青。张文秋一生中有过六个“丈夫”，其中两位是真的，分别是刘思齐的生父刘谦初和邵华的生父陈振亚，四个是因工作需要组成的假夫妻，其中第二个就是林育南。

大革命失败后，中国共产党独立开展武装斗争，开辟革命根据地。到 1929 年下半年，在赣、湘、鄂、闽等 13 省开辟出 15 块红色根据地。在上海的中共中央决定召开一次“全国苏维埃区域代表大会”。为了筹备会议，林育南化装成一个从南洋回国经商的华侨，与张文秋结成假夫妻。张文秋回忆说：“我们还故意摆出很阔绰的样子，还雇有大师傅、老妈子等各种佣人。”其实，这些所谓佣人，都是自己的同志或同志们的亲属装扮成的。从表面上来看，这栋楼房俨然就是资本家的住宅，谁见了也不会怀疑。周恩来多次来到“苏准会”秘密机关。每次来，他总是按照事先约定的暗号，轻轻敲门三次。

1930 年 5 月 20 日，“全国苏维埃区域代表大会”在上海“赵公馆”秘密召开了，除党中央、各地工会之外，江西苏维埃政府、闽西苏维埃政府、湘鄂革命委员会、东江革命委员会等苏区各派代表 2 人，红军每军派代表 1 人，每一游击区派代表 1 人，农民斗争区派代表 1 人，其他群众团体、赤卫队等也有代表参加，共 49 名代表与会。政治局常委兼军委书记周恩来等领导人参加了会议。为了掩护，周恩来等设计了非常巧妙的伪装办法：

由“赵老板”和“太太”对外宣称要为赵家“老太爷”过八十大寿，海内外赵氏子孙、亲友将前来拜寿。他们营造了一个颇有排场的“寿堂”，还特意请了一位老同志扮作

“赵老太爷”，全体与会人员统一了口径，不管发生什么情况都一口咬定是来“庆贺老太爷八十寿辰”。于是，全国第一个最高红色政权的筹备会议，就这样在充满封建色彩的掩护下、在反动派的白色恐怖中顺利召开了！

会议听取了武汉代表、湘鄂赣代表所作的报告，通过了《全国苏维埃代表大会宣言》，以及土地暂行法、红军及武装农民扩大计划、苏维埃组织法、告农民书、劳动保护法、告全国工人书、援助东方被压迫民族等一系列文件，并决定组织全国苏维埃代表大会中央准备委员会，简称为“苏准会”，这就是大名鼎鼎的“苏准会”的由来。

三十六　红军组建“工人师”

1933 年 2 月，中华全国总工会从上海迁到瑞金后，将原全总苏区执行局改组为中华全国总工会苏区中央执行局，同时保留全总名义，以指导全国工人运动。刘少奇任委员长，陈云任副委员长兼党团书记，梁广为组织部部长，下设秘书处、组织部、女工部、青工部、福利部、社会经济部、国家企业部、文化教育部。1933 年 4 月到 7 月，中华全国总

⊙ 中华全国总工会苏区中央执行局旧址，位于瑞金市沙洲坝枣子排

工会苏区中央执行局先后在瑞金建立了 4 个全苏区性质的工会：中国农业工人工会、中国苦力运输工人工会、中国店员和手艺工人工会、中国纸业工人工会，使工会组织也得到了发展。

苏区工会的建立和工作的开展，给当时还落后的中国农村革命根据地注入了先进生产力的新生命力。毛泽东曾在第二次苏维埃代表大会上对苏区工会给予高度评价，他指出：苏区工会是组织坚强的阶级工会，是苏维埃政权的柱石，是保护工人利益的堡垒，是广大工人群众学习共产主义的学校。

苏区建立在经济落后的中国乡村，根本就没有大工业的工人，所以，苏区工人阶级的构成除极少数从大城市与工业区撤退转移的产业工人外，其余的绝大多数是手工业工人、店员、运输工人，还有一部分雇工。尽管存在着一些局限，但苏区工会的创建和开展工作，仍然使得工人阶级成为革命武装力量中的领导力量。 从大城市到乡村，从上海到瑞金，从白区到苏区，从轰轰烈烈到血雨腥风，直到走上漫漫长征路，历尽千山万水，备尝山重水复，中国工会在特殊的历史背景下艰难地求索。

在苏区工会的努力下，根据地工人积极参加苏区的经济建设，参加苏维埃政权的建设，参加土改和查田运动，甚至直接参军参战，还组建了赫赫有名的红军工人师，工会工作搞得有声有色。

1932 年 8 月 1 日，是南昌起义五周年的日子。中华全国总工会苏区中央执行局号召组建的工人师正式成立。整师加入中国工农红军，被编为中央警卫师。师长由李松担任，政治委员由中华全国总工会苏区中央执行局组织部长担任，下辖 3 个正规团和 1 个补充团。

中国工农红军警卫师（工人师）成立宣言称：

> 我们奉中央革命军事委员会的命令，于今年的“八一”反帝战争斗争日，南昌暴动和中国工农红军成立纪念日，在赤色首都——瑞金正式宣布，我们中国工农红军中央警卫师（工人师）成立了。
>
> 同志们！我们工人师全体指挥员战斗员，在全总执行局的号召和领导之下，自愿来当红军的我们，坚定地在中国共产党与全总执行局领导之下，完全接受苏维埃中央政府与中央革命军事委员会所给我们的光荣任务，并绝对服从其命令与指挥。我们都能了解我们是工农劳苦群众革命的武装力量，是苏维埃的军事柱石。我们已定下了坚牢的决心，从今天起以无产阶级的坚决性顽强性和我们的热心与头颅，同全国红军兄弟们一致地为工

> 农阶级与一切被压迫被剥削的劳苦群众的彻底解放与利益，去同帝国主义国民党进行决死的残酷的战争，彻底推翻帝国主义国民党在全中国的统治，创造苏维埃的新中国。目前首先就要粉碎帝国主义国民党对苏区与红军的五次“围攻”，不让敌人侵占苏区一寸土；以争取革命在江西及邻近省区的首先胜利，把中央革命军事委员会给予我们的光荣的旗帜插到南昌插到武汉。
>
> 我们坚决拥护与绝对遵守红军铁的纪律，并努力学习阶级的政治训育和军事技术，创造我们最坚决的铁的工人师。
>
> 同志们！我们（工人师）在伟大的革命战争中，在胜利地争取苏维埃新中国的斗争中，是永远地与全苏区全中国的工农劳苦群众站在一条战线上的，时刻不会分离的。我们更热烈地希望全中国工会组织与我们建立经常的密切的联系，和时时指示我们帮助我们。

苏区工会还组建了工人纠察队、工人赤卫队和赤少队等基本不脱离生产的群众武装，配合协助红军作战。苏区 16 岁至 45 岁的工会会员，80% 以上参加了各种工人武装。在各苏区的创建和发展过程中，工会组织工人武装配合红军作战事例数不胜数。1928 年 6 月，在井冈山革命根据地的龙源口战斗中，永新县工人赤卫队300多人，配合红军歼敌一个团，受到红军前委的表扬。据中央苏区12个县的统计，到1933年底，参加红军和游击队的工会会员达到19960人，占会员总数的28%；在红军的新战士中，工会会员平均超过了20%。到第五次反“围剿”战争的紧急关头，中央苏区大约有半数以上工会会员参加了正规红军和游击队。

三十七　长征途中建工会

1934 年，由于第五次反“围剿”的失利，红军主力被迫长征。即使在长征路上，工会的使命也未曾弃守，工运的初心也未曾忘记。

正如毛泽东主席说过的：长征是播种机，长征是宣传队，长征是宣言书。红军长征得到了沿途各省广大工人群众的热烈拥护和支援。红军长征所到之处，发动群众建立工会、农会等革命团体和群众武装，建立临时工农民主政权，推动了当地工人组织的建立和工人运动的发展。

最难能可贵的是，红军在长征途中，除了战斗之外，还克服困难，建立了一个工会组织。

中央红军主力长征时，中华全国总工会苏区中央执行局机关和各省工会的一批领导同志、工会工作骨干，随红军主力一起长征。如中华全国总工会领导人刘少奇、陈云，中国店员手艺工人工会委员长、苏维埃政府劳动部部长邓振询，中华全国总工会苏区中央执行局女工部部长刘群仙等，这些工会干部在长征途中积极开展地方群众工作，推动了红军长征途中工人运动的发展。

长征红军对黔北地区工人运动的推动尤为显著。红军在这里转战 3 个多月，曾经一度准备以遵义为中心，创建川黔边界新的革命根据地。出于这一战略考虑，红军更加重视工会组织的建立，推动了黔北地区革命工会的创建。

黔北地区在 20 世纪 30 年代是经济比较落后的地区，除赤水兵工厂、桐梓发电厂等少数工厂外，基本上没有现代意义上的工业产业。红军到来之前，工人中虽有过一些组织，如鲁班帮、杂货帮、丝绸帮等，但带有浓厚的行会、帮口色彩。1935 年 1 月 7 日，红军进入遵义县城后，总政治部立即派出干部分别召集各业工人开会，宣传红军的革命主张和苏维埃劳动政策，号召工人组织起来。各业工人随即选举代表，筹备建立工会。

同年 1 月 11 日，召开了遵义县各业工人代表大会，宣布成立遵义县赤色工会，选举木工代表邓云山为主席。在红军的推动下，在遵义县三岔，由木工、石工、缝纫工、织布工、皮匠、理发匠等组成了三岔工会；在遵义县枫香区花苗田，由陶瓷工人组成了花苗田陶瓷工会。1 月中旬，红军在黔北桐梓县，在帮助成立政权组织的同时，成立了桐梓县工会和 3 个城郊工会。

就这样，红军在长征中一路播种，奋勇前行。

在国民党统治区，更有无数志士不惧牺牲、坚持战斗。红军主力长征后，大革命时期的工运领导人项英临危受命，担任中共中央江西分局书记、中央苏区军区司令员兼政治委员，在赣粤边坚持游击战争。红军长征后，他命令所有共产党员、革命军人都必须坚持斗争，不许任何人在党中央和主力红军还没有离开苏区前搞疏散。他要求机关工作人员正常对外办公、处理公务，以迷惑敌人，掩护红军主力转移。直到一个月之后，国民党才明白红军主力已经转移了。他下令埋掉电台、烧掉密码，指挥部队分九路突围，开展游击战争。对这段游击岁月，陈毅曾留有大量诗词，最著名的是“梅岭三章”，其一曰：“断头今日意如何，创业艰难百战多。此去泉台招旧部，旌旗十万斩阎罗。”

三十八　黄河水手建工会

20 世纪 30 年代，共产党在苏区和陕北边区的时候，由于这里地处偏远、经济落后，几乎没有现代的产业工人，无法像在大城市那样建立众多的产业工会，也难以开展大规模的工会工作。不过，这些困难对于在红军长征途中还建立了一个工会的党中央和中华全国总工会来说，并不是无法逾越的障碍。

1935 年 10 月，中央红军长征到达陕北，中华全国总工会成立了西北执行局。11 月初，在党中央的直接指导下，陕北省总工会筹委会在瓦窑堡召开了各县工会工作联席会议，中华全国总工会西北执行局委员长刘少奇提出了在陕甘宁边区成立黄河水手工会的任务。陕北省总工会筹委会立即向沿黄河各县发出通知，要求各县立即清查统计黄河水手的数目和组织状况，并向黄河水手做好宣传教育工作。不久，陕北省总工会在瓦窑堡召开了黄河水手工人代表大会，宣告成立黄河水手工会。

⊙ 油画《黄河船夫》

黄河水手工会下设若干分会，并根据水手工人数量分成小组，按每只船渡河的需要，每组 14 人，选出正副组长。同时，在清涧河口西辛关成立了黄河水手工会办事处。从绥德枣林坪到宜川，有五六百名水手工人迅速组织起来，组成了一个坚强的工人群众组织。

1936 年 2 月 17 日，红军发表了《东征宣言》，2 月 20 日晚，渡河东征的战斗打响了。红一军团突击队共 24 名指战员，分乘两只小木船，由黄河水手掌舵，趁夜色划向河东，在山西中阳县三交镇附近的王家坪渡口登岸。经过激战，占领了河东岸山头阵地。几天后，毛泽东率领总部工作人员由清涧河口的西辛关渡河。3 月底，东征红军主力两万多人全部在英勇的黄河水手的努力下，利用简陋的木船、羊皮筏子，安全运抵黄河东岸。

1947 年，胡宗南向陕甘宁边区发起进攻。党中央决定，组织后方将机关、学校、伤员、其他非战斗人员和物资转移到河东去。陕甘宁边区总工会动员了从佳县大会坪至延川县延水关的700多名水手工人，抢时间转移人员和物资。水手工人不分白天黑夜、刮风下雨，连吃、住都在船上，一遇到任务就立即行动。最终，把人员和物资全部运到东岸克虎寨。为此，毛泽东会见了桃花渡的水手，并在一起照了相，以表彰黄河水手的功绩。

1948年3月，为准备迎接将要到来的全国范围的胜利，中央机关决定转移到华北地区去。黄河水手接受了护送党中央东渡黄河的光荣任务。河西的川口和河东的高家塔水手工会，精心挑选了十几只木船，选派出几十名水手，两次准备东渡。水手们对每一条船都进行了仔细的检查；对黄河两岸的地形和河道水情做了周密的研究；水手和战士们还进行了几次试渡。

3月23日，毛泽东主席和中央机关的同志在吴堡县川口村登上渡船，告别战斗了13年的陕北革命根据地。水手工人们熟练地划桨撑篙，平平稳稳地把毛主席和中央机关同志送到黄河东岸。

三十九　刘长胜携密码“遭绑”

刘长胜（1903—1967），山东海阳人。1924 年参加列宁共产主义青年团。1926 年 1 月进入海参崴党校学习。1927 年 5 月参加苏联共产党，后加入中国共产党。同年 6 月，刘长胜从海参崴党校毕业后，被分配到联共（布）海参崴省委中国部工作，担任海参崴码头工会主席。1933 年 1 月，转赴莫斯科国际列宁学院学习。

1934 年底，刘长胜接受了共产国际委派的一项重要任务——携带国际密电码回国。原来，由于没有大功率电台，1933 年中共临时中央从上海迁入中央苏区后，共产国际与临时中央的一切联系都是通过中共中央上海局的电台进行的。由于敌人破坏，上海局电台被破获。此后红军在第五次反“围剿”失败后，被迫开始长征。在长征途中，共产国际同中共中央的电讯联系就中断了。为此，共产国际曾经派出几批人到中国去寻找党中央，包括林育英、潘汉年、阎红彦等，但由于种种原因，潘汉年回国后中途耽搁，没有及时联

⊙ 刘长胜

系到中央。林育英人是回来了，无线电通讯却一直未能恢复。阎红彦不识英文，只能靠惊人的记忆记下密码，也许是记忆有误，他的密码也没有起到作用。

因此，共产国际决定再派刘长胜回国，要求他把共产国际的密电码直接送到中共中央，尽快恢复共产国际和中共中央之间的联系。

刘长胜把鞋底割开，把密电码塞进去，再密密缝好，一点不露破绽。而后，他穿上深色棉袍，束上腰带，打扮成中国北方商人的模样，于 1935 年 4 月启程回国。刘长胜穿过渺无人烟的蒙古大沙漠入境，辗转新疆、华北、山西等地。在历时一年多的时间中，刘长胜吃了不知多少苦，受了不知多少罪，遇了不知多少次险，他百折不挠、千方百计地打听党中央的所在地。

1936 年 6 月，他一路千辛万苦来到陕北，听说中央到了瓦窑堡，兴冲冲寻找过去，在宁条梁遇到了戴着八角帽的红军战士，急忙迎上前去，没想到迎接他的不是拥抱，而是一条绳索。原来，他到达瓦窑堡后，向红军战士打听中央所在地，红军刚到此地，无人知晓，听得有人打听中央，又看他装束奇特，当即怀疑他是特务，马上被绑了起来。刘长胜说：“只要你们带我去见中央首长，怎么样都行！”

红军派了一个班的战士将刘长胜带到中央驻地，第一个接待他的是杨尚昆。杨尚昆马上给他松绑道歉，刘长胜急切地向杨尚昆汇报了寻找党中央的经过。杨尚昆问他：“绑你的时候，你发火了吗？”刘长胜说：“我开心死了！”周恩来闻讯赶来，激动得久久地握着他的手，立即带他去见毛泽东。毛泽东非常高兴，表扬他为党的事业立下了大功。从此，中共中央与共产国际又恢复了电讯联系。

到达延安后，刘长胜出任中华全国总工会西北执行局委员长、陕甘宁边区总工会主任。1947 年 1 月，刘长胜任中共中央上海分局副书记。1949 年 5 月起任中共上海市委常委。中华人民共和国成立后，任中共中央华东局委员、华东局职工运动委员会书记，中华全国总工会副主席、书记处书记、党组副书记等职。

四十　山西有支“工卫旅”

革命战争年代，有两支由工人组成的武装比较有名，第一支是土地革命战争时期中央苏区的“工人师”，第二支就是抗日战争时期山西的“工卫旅”。

“工卫旅”成立于 1937 年 9 月 18 日，与山西省总工会同一天成立。“工卫旅”的历史，是中国抗战史和中国工人运动中一段具有里程碑意义的辉煌历史。

1937 年，中共北方局和山西省委提出了“武装山西工人，坚持山西抗战”的口号。太原市委决定组织一支工人阶级的抗日队伍。9 月 18 日下午，太原毛织厂、太原印刷厂和太原兵工厂共万余名产业工人和两三万名群众汇集在海子边中山公园召开“九一八”纪念大会。会后，工人队伍进行了大游行，在省政府门前向阎锡山提出了“发给工人武器、答应工人武装起来抗日”的要求。经交涉，阎锡山终于答应发给工人冲锋枪 500 支、步枪 2500 支。工人们看到了组织起来的力量，当天深夜，游行队伍来到小校场。此次游行的负责人说：“今天，我们显示了工人阶级的强大力量，但要使我们的力量得到巩固和发展，必须成立自己的工会。”倡议得到了工人们的一致拥护，当场选举康永和为省总工会主任，选举常委11人，正式宣告山西省总工会成立。

山西省总工会成立后，在组织工人争取经济权益的同时，立即着手建立工人自己的武装。1937年9月27日，山西的第一支工人武装正式诞生，起初的名称叫工人武装自卫队，简称“工卫队”。在党的领导下，选举产生了总队长、大队长、中队长、分队长到小队长的一整套的指挥员；各级政工人员大多数是共产党员和靠近我党的进步分子。到10月下旬，“工卫队”人数已发展到800人左右。随着队伍的扩大，慢慢变成“工卫纵队”“工卫旅”。

当时，日军攻陷太原，阎锡山的旧军像决了堤的洪水一样，从晋中平川漫流而下。这些溃军三五成群，到处抢劫，祸害百姓，而“工卫旅”所到之处秋毫无犯，随时随地宣传抗日的道理，体现出工人武装与广大群众血浓于水的阶级感情。

“工卫旅”还有一个独特的优势，那就是大部分由工人组成，技术素质很高。有一次在战场上，一支正在射击的机枪卡壳，指挥员正着急时，枪声又响了起来。原来机枪手就是军械制造厂的工人，他三下五除二就修好了武器。其实，

“工卫旅”真正的优势在于它是一支有着高度组织性、纪律性与阶级觉悟的产业工人武装，它的身上集聚着一个代表着新时代的先进阶级的优秀品格。

从刚刚成立时的工人武装自卫队到工人武装自卫纵队再到工人武装自卫旅，这支年轻的队伍在中国共产党的领导下，配合八路军主力，活跃在晋西北敌人的后方，其中有5年时间战斗在太原周围。8年里，“工卫旅”对日寇作战300次以上，在建立根据地、建立新政权、宣传发动群众以及组织敌后人民坚持抗战等方面作出了巨大贡献，为创建晋西北抗日民主根据地、坚持敌后抗战发挥过重要作用。

抗战胜利后，它成了中国人民解放军的一支野战部队，在西北战场参加过保卫延安的战斗，为解放全中国贡献过力量。新中国成立以后，它曾作为中国人民志愿军在朝鲜战场上显过身手。

四十一　“抗日工人”节振国

节振国是冀东著名的工人抗日民族英雄，1910 年出生于山东武城县一个贫苦农民家庭，1920 年全家逃荒到河北开滦赵各庄煤矿。他 14 岁便下井做童工，饱尝生活艰辛，养成了刚强、勇敢的性格。

“七七”事变后，日本帝国主义大举入侵，开滦资本家加紧了对工人的控制与剥削。为反对资本家的剥削压迫，1938 年 3 月，开滦煤矿爆发了罢工运动，节振国被推举为赵各庄煤矿工人纠察队队长。5 月 6 日，大批日伪宪兵包围节振国家，抓住了节振国的哥哥，节振国冲上去与敌人展开搏斗，他夺过日本宪兵队长的军刀，当场劈杀日本宪兵队长和数名日伪军，冲出敌人的包围和追捕，负伤脱险。

节振国刀劈日本宪兵的消息，振奋了人民群众的抗日情绪，矿工们更是奔走相告：“节振国是好样的！”

1938 年 7 月 18 日夜间，在矿区地下党组织领导下，2000 多名矿工揭竿而起，发动了著名的开滦矿工抗日武装大暴动。矿工暴动后，在节振国的带领下，迅速攻克了赵各庄警察所，缴获了警察所的枪支弹药，武装了暴动队伍。沦陷数年的赵各庄，第一次升起了中国的国旗。赵各庄居民无不欢欣鼓舞、热泪盈眶。当天下午，赵各庄数千群众集会，热烈庆祝工人武装暴动的胜利。

1938 年 7 月 20 日，古冶日本驻军与伪警防队一起向赵各庄反扑，经过激战，工人暴动队伍撤出赵各庄向农村转移。日军进入赵各庄后未敢久留，很快缩回古冶。工人队伍又二次解放了赵各庄。一部分唐家庄和林西矿工人也参加了暴动队伍，工人起义武装迅速发展到 3000 余人。

此后，节振国率领部队活跃在矿区和广大农村，发动矿工参加抗日武装，神出鬼没地打击日伪军，威震冀东。不久，他率部加入冀东抗日联军李运昌部，被编为冀东抗联第二路司令部直属特务第一大队，并任大队长。在党的领导下，工人特务大队越战越强，后改编为八路军第十二团一连，有力地支援和配合了冀东地区的抗日斗争，为开辟冀东抗日新局面作出了重要贡献。

⊙ 节振国

1939 年秋，节振国光荣地加入了中国共产党。

1940 年夏，毛泽东在延安杨家岭听取汇报，当冀热察区党委组织部部长吴德讲到开滦矿工出身的游击队队长节振国的情况时，毛泽东说："这个同志很好，我们要注意保护培养，不然他会牺牲的。"

可惜，节振国还没有来得及听到毛泽东对他的夸奖，就为国捐躯了。1940 年 8 月 1 日，节振国率部队与日伪军作战时，壮烈牺牲，时年 30 岁。

节振国牺牲后，周恩来指示文艺工作者要创作关于节振国的作品，陆定一的夫人严慰冰撰写的节振国事迹在《中国工人》杂志上连载，在解放区的军民因此都知道了节振国。唐山解放后，文艺工作者先后创作了中篇小说《赤胆忠心》、长篇小说《血染春秋》。1949 年初，冀东文工团到开滦赵各庄煤矿创作了歌剧《节振国》。

四十二　赵占魁："边区工人的旗帜"

抗战时期，根据地工人队伍的成分比较复杂，很多是来自农民和国民党统治区、沦陷区的工人，他们对民主政权下公营企业的劳动性质不明确。因此，有些工人劳动态度不端正，甚至有的工人怠工闹事。

1942年，延安兵工厂发生了"狄德建事件"，狄德建会生产起爆药的技术，但他对当时的工厂生活有意见，大闹情绪，要求提高待遇。他手下的学徒也跟着闹，这样就影响了全厂的手榴弹生产。边区总工会主席高长久在解决狄德建问题时，向厂里工人了解：你们兵工厂哪个人表现最好呢？大家都说是赵占魁。

赵占魁是延安农具厂工人，共产党员，后担任翻砂股股长。无论是当工人还是当干部，他始终保持着模范工人的本色，工作目的明确、态度端正。在刚进农具厂时，主动要求当最脏最累的炉前看火工，几年如一日，以厂为家，吃苦耐劳，从不计较个人得失。他善于改进和创造新工艺，使产品数量和质量大幅度提高。而且，他团结同志、乐于助人，主动献物、支援前线，是非分明、坚持原则，敢于同不良现象斗争，维护革命利益。中央职工运动委员会认为，赵占魁是有觉悟的工人的典型，他的模范事迹和典型经验是教育工人的好材料，有普遍推广的意义。因此，中央职工运动委员会决定树立赵占魁为全边区工人学习的榜样，并进而开展一个以改造劳动态度、提高劳动效率和产品质量为目的的群众性运动。

⊙ 边区特等劳模赵占魁

从 1942 年下半年开始，在中职委、陕甘宁边区总工会的发动和领导下，陕甘宁边区及各抗日根据地的公营工厂中，普遍开展了“赵占魁运动”。1942 年 9 月 11 日，《解放日报》发表了题为《向模范工人赵占魁学习》的社论，介绍了赵占魁的模范事迹，号召全体工人向赵占魁学习。10 月，边区总工会发出《关于开展赵占魁运动的通知》，要求工人立即行动起来，学习赵占魁，“以掀起一个广泛的运动”，并确定了开展这一运动的目的、方针和方法。12 月，毛泽东

⊙ 陕甘宁边区劳动英雄与模范工作者代表大会会场

在边区高干会议上进一步号召“改进职工会工作，发展赵占魁运动于各工厂”。从此，“赵占魁运动”在陕甘宁边区各公营工厂中普遍开展起来。

1943 年 5 月 1 日，中共中央做出了《关于目前各抗日根据地职工运动的决定》，把普遍开展“赵占魁运动”作为根据地职工运动的基本任务之一。这样，各抗日根据地普遍开展了“赵占魁运动”，并且各自树立起赵占魁式的英雄模范作为工人学习的榜样，如晋冀鲁豫边区开展了“甄荣典运动”、晋绥边区开展了“张秋凤运动”等。“赵占魁运动”发展为蓬勃的大规模的群众性的运动。赵占魁被称为“中国的斯达汉诺夫”。

“赵占魁运动”普遍而深入地开展，使工人的思想觉悟、劳动态度和工厂的生产面貌都产生了深刻的变化，取得了可喜的成果。工人提高了政治觉悟，改变了劳动态度，以主人翁的责任感从事生产，把自己的工作同保卫边区、支援抗战联系起来，提高了生产效率，节约了原材料，降低了成本。工人加强了团结，改善了生活待遇。通过开展“赵占魁运动”，工会工作进一步明确了方针、任务，加强了组织、思想建设，发挥了应有的作用。

四十三 “炮弹大王”甄荣典

甄荣典是晋冀鲁豫边区新劳动者运动的一面旗帜，是根据地工人运动的光辉典范。抗战时期，他以 75 秒钟车一发炮弹外圆的纪录，获得“炮弹大王”的称号，因此，边区带动开展了“甄荣典运动”。

甄荣典是河北唐县人，16 岁开始当雇工，17 岁被骗到粤汉铁路做苦工，钱没挣下，最后沿路讨饭才回到家。八路军来到冀中，宣传抗日，组织农会，他当了青年队长，领导大伙减租支前。在他的带动下，他们村成为唐县的模范村，并获得 12 次优胜旗。

1940 年，甄荣典参加了八路军，主动要求党组织调他去前方工作，后被介绍到太行山的军工部黄崖洞兵工厂做学徒。从那时起，他一直就干着车炮弹外圆的工作，他带领大家多造炮弹，一次一次创造新纪录。一般工人每天车炮弹外圆量最高能达到 300 多发，他则创造了 480 发的最高纪录。而且他炮弹车得多，工具却比别人省，过去车几十发炮弹用锋钢刀尖3个，现在车480发还是用3个。其他材料，如松香水、皮带等，也都比别人省一半。甄荣典的模范行动赢得了工人群众的爱戴，被大家誉为“炮弹大王”。

在日寇扫荡时，甄荣典想出了种种办法保护机器，避免敌人的破坏。1940年冬天，他和100多名工人兄弟一起，胜利完成华龙山突围。1942年5月大扫荡，敌人把太行山围得水泄不通，全厂工人都奉命向远处转移。甄荣典主动和几个自卫队员留在敌人的清剿圈内，与敌人坚持斗争。他们把机器埋在大河滩里、水渠底下，甚至藏在敌人必经的大道上，自己则拿起武器露宿在山野里，冒着生命危险和敌人“捉迷藏”，保护着军工生产的“命根子”。每当敌人搜索到埋藏机器的地方，他们就设法把敌人吸引开来，用生命保护了机器财产。

⊙ 甄荣典

在“赵占魁运动”影响下，太行区军工战线的18名劳动模范联名倡议，以甄荣典为榜样，向各兵工厂职工提出挑战。太行总工会发出号召，开展“甄荣典运动”。在一定意义上说，“甄荣典运动”就是晋冀鲁豫区的新劳动者运动。

“甄荣典运动”激励了根据地工人的生产热忱，特别是军工生产，保证了大批武器、弹药源源不断地送到前方。“甄荣典运动”还激发了广大工人群众的积极性和创造性，竞赛纪录不断刷新，新人新事层出不穷。太行军工部各厂根据自身特点，提出了竞赛口号和要求。如军工厂工人提出：一切为了前线胜利；多出一发炮弹，多打一个敌人。被服厂提出：要让我们的军队冬天及时穿上棉衣，夏天及时换上单衣。《新华日报》提出：要让敌占区同胞很快看到我们胜利的消息。竞赛热潮一浪高过一浪。

“甄荣典运动”极大提高了根据地工人群众的思想觉悟，涌现出大批新的劳动者，为迎接全国解放和新中国的经济建设培养造就了一支思想觉悟高、技术业务熟练、作风过硬的建设大军。

新中国成立后，甄荣典曾担任山西省总工会副主席。

四十四　张秋凤运动

张秋凤是陕甘宁边区提出开展“赵占魁运动”以来，晋绥根据地生产竞赛运动中涌现出来的优秀兵工工人代表。1943 年 4 月 30 日，晋绥行署、军区后勤部、总工会为纪念“五一”劳动节，提高军工生产，支援抗战，决定开展“张秋凤运动”。

张秋凤，1913 年生，河北省元氏县人。1931 年逃债来到山西，在太原兵工厂当工人。1937 年春参加牺盟会，9 月加入山西工人武装自卫总队，任副班长。太原失守后，随部队在古交一带打游击，参加大小战斗 40 余次。1938 年冬调到“工卫旅”修械所学习翻砂工艺。在生产中，他刻苦学文化，由一个文盲变成能读书看报且会算术的优秀技术工人。1942 年，他已是一名熟练的翻砂工，任修械厂工会委员和翻砂组组长。他积极进行技术革新，在改制手榴弹过程中，将过去点 4 个眼子改为点 2 个眼子，日产量提高了 25%，且弹壳厚薄均匀（省铁水 1 两），炸开后弹片碎而多。他爱厂如

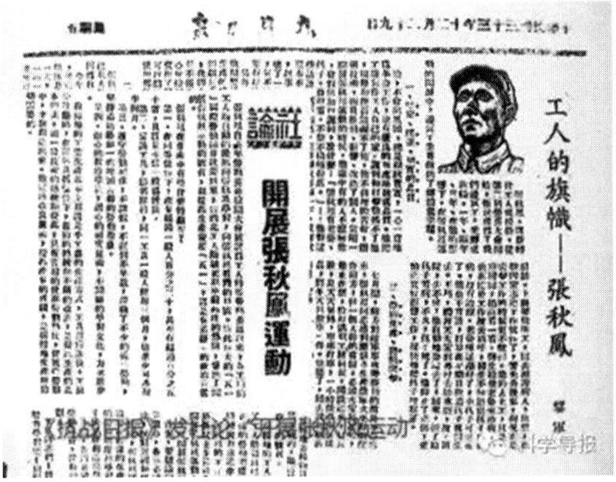

⊙《抗战日报》发社论，倡议开展“张秋凤运动”

家，吃苦耐劳，积极负责，热心公益，对生产起到了模范和推动作用。在晋西北第二届群英会上，被评为工人特等劳动英雄，1941 年、1942 年连续被评为边区特等劳动模范，被誉为“晋西北工人阶级抗日生产的光荣旗帜”。

在学习“赵占魁运动”中，晋绥各工厂工人热烈响应边区行署、军区、总工会的号召，向张秋凤学习，努力提高生产效率。全区迅速展开厂与厂、组与组、人与人之间的劳动竞赛，大家你追我赶，热火朝天。张秋凤所在的兵工厂掀起做义务工活动，仅 8 个月全厂就累计了 1904 个义务工，一年内节约原材料达 20 万元以上。

张秋凤所在的小组大力开展生产竞赛活动。1943 年，他带领小组在革新技术、增加产量、提高质量、节省原料等方面有了新的进步。张秋凤小组将翻砂地雷、手榴弹的木式砂模和心型改为铜式的。砂模面上刷上焦炭粉末，注铁水时，在砂箱上压重保证铁水不漂，因而造出的成品有光泽无砂眼，不坏砂模不起泡，既节省了原料，又保证了质量。

“张秋凤运动”在晋绥边区历时 6 年之久，对于组织发动职工群众、搞好各业生产、支援抗日战争和解放战争、夺取全国胜利起到了积极作用。晋绥边区各机关、部队在开展“张秋凤运动”中，极大促进了生产工作。到 1944 年 10 月下旬，雷弹产量增加 5 倍以上，质量大幅度提高。仅 1945 年增产雷弹就达 3 万颗。临南招贤镇工人刘清云和工友们开展了劳动竞赛，原计划 1944 年炼铁 100 炉，每炉出 275 公斤，通过竞赛，每炉出到 300 公斤。原先要 3 天出 1 炉，竞赛中 2 天就能出 1 炉，生产效率大幅度提高。

在 1944 年 12 月召开的晋绥边区第四届群英会上，有 131 名民兵英雄、56 名纺织英雄、77 名公营和民营工厂劳动英雄、40 名模范工作者、11 名模范学习者、22 名机关劳动英雄受到了表彰奖励。张秋凤再次荣获“公营工业特等劳动英雄”称号，成为边区工业战线上的一面旗帜。

四十五　工厂里的“三人团”

提起“三人团”，我们所熟知的是长征途中由毛泽东、张闻天、王稼祥组成，遵义会议后改由周恩来、毛泽东、王稼祥组成的中央“三人团”，它在关键时刻挽救了中国革命，对于红军突破敌人围追堵截、胜利到达陕北起到了重要作用。

其实，还有一种“三人团”长期鲜为人知，那就是在苏区和陕北边区国营工厂中的“三人团”，由党委书记、厂长、工会主席组成，构成了此后企业“党政工”民主共治的基础。

早在 1930 年 10 月，苏区政府就制定了《中华全国总工会对于苏维埃区域工会工作计划大纲》。文件指出：在苏区政府所经营的产业与企业中，可以由每一企业中的全体工人选举组织工人管理委员会，工人管理委员会要取得在企业中的管理权和经营中的管理权。1931 年 11 月 17 日，中华苏维埃共和国第一次全国苏维埃工农兵代表大会通过了《中华苏维埃共和国劳动法》，该法规定：在一切国有及协作社的企业中，职工会可直接参加和佐理这些企业的经济与管理。1933 年 10 月 15 日，中华苏维埃共和国政府颁布了《中华苏维埃共和国劳动法》修正案，规定工会有权帮助劳动机关监督各企业、机关、商店执行《劳动法》及其他一切劳动法令，在国有企业中参加管理，等等。

为确保职工参加管理的权利，共产党领导设计了一套具有系统性的“三人团”管理体制。所谓“三人团”就是指由党委书记、厂长和工会主席构成的三方领导体制。“三人团”的主要任务是：讨论生产计划、加强劳动纪律，以及处理工厂生产中的一些日常问题。“三人团”的工作程序是：“三人团”会议由厂长召集，如果会议发生争执、出现分歧，应由厂长作出最后决定；如果支部或工会不同意厂长的最后决定，仍须执行厂长的意见，支部或工会可将意见提交上级机关进行解决；“三人团”决定的问题，党支部、工会及行政都应当在各自的工作系统立即执行。

此后，“三人团”管理体制在实践中不断得以完善，以制度的形式得以保障。1934 年 3 月，刘少奇针对当时企业生产中存在的问题撰写了《论国家工厂管理》，提出：“厂长对于全厂的生产与行政负有绝对的责任。在不违反《劳动法》的范围内，关于工资、工作时间、生产数量以及调动、处分和开除工人职员等，厂长是有完全的权力决定与执行的。但厂长在决定各种问题时，必须事先与党的支部书记和工会的主任商量，尽可能取得他们的同意，配合党与工会的系统来一致执行。我们现在要用这种‘三人团’的方式来管理我们的工厂。工厂的管理委员会应该是厂长之下的讨论与建议的机关。”

多少年过去，“三人团”已经成为历史，而在其实践中产生的“党政工”民主共治架构，成为现代企业民主管理的源泉，并在企业经营中发挥了重要作用。

四十六　石圪节矿工起义

石圪节煤矿是中国煤炭工业的骄傲。20 世纪 60 年代，石圪节煤矿以连续多年在全国煤炭战线效率最高、成本最低、质量最好、机构最精干而被树为全国工交战线勤俭办企业的五面红旗之一。

石圪节煤矿还是一座有着光荣的革命斗争历史的煤矿。在“七七”事变之后，日军进占之前，党组织即领导矿工成立了“工人抗日救国会”，办起了工人夜校，向矿工宣传革命道理，发动矿工开展反剥削斗争。1938 年，八路军总司令朱德先后两次派康克清、杜长钧等到矿区进行抗日救国宣传，发展了 11 名党员，建立了潞安矿区第一个党支部。

1943 年 1 月，日军侵占石圪节煤矿后派重兵镇守，进行掠夺性开采，使工人陷入水深火热之中。石圪节工人在党的领导下，成立了工人武装自卫队，进行抗日救亡活动。同时，以石圪节煤矿为中心，带动周围的小河堡、新顺等小煤矿也开展了抗日活动。

⊙ 参加起义的部分人员的合影

1944 年冬，太南职工会办事处通过工头王根喜争取了矿警队文书傅文才，并派刘春言打入伪矿警队，组织了地下抗日工会，发展会员 27 人。他们还组成了 60 余人的工人地下军，等待时机，准备收复矿区。

日军在石圪节煤矿的军事设施极为森严，外有电网、地雷、封锁沟，内有明碉暗堡，岗哨林立，常驻有日军一个小队十几人，还有近百人的一个矿警队。1945 年 8 月 15 日，日本宣布无条件投降后，八路军潞城前线指挥部命令驻石圪节煤矿日军立即放下武器。但是，太原的日军司令部与国民党阎锡山相勾结，密令驻石圪节煤矿的日军不许向八路军投降，还命令他们在 8 月 18 日夜彻底炸毁矿井，并把工人、职员、矿警和武器全部撤回太原。

八路军潞城前线指挥部分析了敌我力量，决定由工人举行武装起义，再由八路军黎城独立团里应外合收复矿区。由于驻矿日军开始封锁石圪节煤矿，这给内外情报联系带来了困难。幸好日军抢来的羊群每天需要外出放牧，地下党就利用这个机会派人外出联系，及时得到了上级党组织有关起义的指示。

8 月 17 日夜，石圪节煤矿地下工会召开紧急会议，周密策划，决定当夜举行起义，12 时整，石圪节煤矿工人武装起义开始，矿工们脖子上围着白毛巾，迅速占领了井口、配电所、锅炉房 3 个要害部门。八路军黎城独立团与工人里应外合，赶往日军住所，向日军发起攻击。经过激烈战斗，击毙日军小队长池田和矿长芹田，伪矿警全部缴械投降，石圪节煤矿得到了新生。

这次战斗共击毙日军 3 名，俘虏日军 2 名、矿警 40 余名，缴获轻机枪 3 挺、步枪 70 余支、炸药 8000 斤、战马 7 匹、电台 1 部，以及大量采矿机械和物资。

石圪节煤矿工人起义的胜利，大大地震撼了敌人，迫使石圪节、黄碾、小河堡的日伪军立即逃窜，并为后来收复潞城县和长治城铺平了道路。

四十七　重庆纺织女工致信毛主席

抗日战争胜利后，1945 年 8 月 29 日至 10 月 10 日，国共双方经过 43 天谈判达成《双十协定》。这是中国共产党和中国国民党两党就中国未来的发展前途、建设大计在重庆进行的一次历史性会谈。

尽管后来这一协定被国民党全面撕毁，但是在谈判期间，毛泽东、周恩来等共产党人的风采却折服了重庆各界民众。最典型的，当数毛泽东的《沁园春·雪》在重庆广为传诵，一时“陪都纸贵”。

这期间还发生了一件事，毛泽东到达重庆当天，《新华日报》即刊出了一封重庆纱厂女工致毛泽东的欢迎信，热情之意溢于言表：

敬爱的毛泽东——我们人民的领袖：

听到您来到了重庆的消息以后，我们真高兴得不晓得怎样办才好。大声欢叫吧，别人会干涉我们的，在心里头不讲吧，又觉得闷得不好过。我们只好悄悄地躲在宿舍里，几个人面对面地傻笑一阵。

毛先生，您觉得我们太幼稚好笑吧？请您不要笑我们，好多年来我们一直过的不是人过的日子，老是被别人当牛马看待，一点起码的自由也没有。我们老是想，我们不能这样永远过下去，我们会遇到救星的。从报纸上，从许多好的朋友口中，我们晓得中国人有了一个大救星，这个救星就是您。我们欢迎您来，我们拥护您提出的主张，这就是我们多年来的希望。

是您，告诉中国人民怎样才有把握打败日本鬼子；是您，帮助中国人民想办法来一个大翻身；是您，给中国人民带来了真正的和平与团结的希望。您终于来到我们这个地方了，给我们带来了无限的希望和快乐，我们怎能忍禁住自己的快乐感情呢！

我们真不晓得怎样办才好，只能写这封信向您来表明我们对您的尊敬和感谢。

我们虔诚地祝福您。

林华、吴素贞、江莲贞、胡波、张得芳等

为什么这一群女工对毛主席的到来如此兴奋？原因有二：一方面是对抗战胜利的喜悦；另一方面是对蒋介石集团

加紧发动内战的痛恨。

事实证明，蒋介石谈判是假、内战是真。毛泽东离开重庆不久，中国已是战云密布。日本投降了，抗战胜利了，但随着胜利而来的大批工人失业，使工人火热的心凉了一半。国民党当局相继制造了昆明“一二·一”惨案、重庆校场口事件等，疯狂打压学生和工人运动。失望至极的后方民众，把中国的希望全部寄托在了朝气蓬勃的中国共产党身上。

正如毛泽东为重庆谈判写的那首诗：

有田有地吾为主，无法无天是为民。
重庆有官皆墨吏，延安无屎不黄金。
炸桥挖路为团结，夺地争城是斗争。
遍地哀鸿满城血，无非一念救苍生。

四十八　“毛泽东号”机车

“毛泽东号”机车是中国唯一一台以领袖名字命名的机车，它诞生于解放战争的炮火硝烟之中。1946 年，为了支援解放战争，缓解铁路运输运力不足，哈尔滨机务段的工人们在中国共产党的领导下，开展了“死车复活”活动。1946 年 10 月，在哈尔滨机务段，经过 27 个昼夜的奋战，工人们终于抢修出了一台蒸汽机车。经过当时的中共中央东北局批准同意，按照工人们的要求，这台机车被命名为“毛泽东号”。

“毛泽东号”机车问世后，在哈尔滨机务段特等英雄郭树德和老英雄李永的领导下，曾创出很多光荣事迹。1947 年两次获得模范机车组与“机车领袖”的光荣称号。

1949 年 3 月，哈尔滨机务段工友将“毛泽东号”装修一新，欢送它随解放军南下。解放战争中，“毛泽东号”机车承担了运送部队和战争物资任务。当时有一句响亮的口号:“解放军打到哪里，铁路修到哪里，‘毛泽东号’就开到哪里。”从辽沈战役、淮海战役到平津战役，“毛泽东号”的英雄们冒着枪林弹雨，一次次地圆满完成任务。

后来，“毛泽东号”机车落户北京局集团公司丰台机务段。先后经历了六代改型，从当初的蒸汽机车改为内燃机车、电力机车。1977年2月，“毛泽东号”由蒸汽机车改为东风4型0002号车，这是第二代“毛泽东号”机车。1991年8月，“毛泽东号”又换成了第三代新型车——东风4B型内燃机车，车号为1893，以此纪念毛泽东同志诞辰。2000年12月26日，毛泽东诞辰107周年的日子，“毛泽东号”机车也升级为东风4D型1893号机车。2010年12月20日，“毛泽东号”机车第四次换型为大连机车车辆有限公司制造的和谐3B1893号大功率交流传动电力机车。2014年12月12日，伴随着清脆的汽笛声和嘹亮的《东方红》乐曲，一台镶嵌“HXD3D1893”金色标识的“毛泽东号”机车交付北京铁路，完成了第六代升级转型。

⊙ 第一代“毛泽东号”机车

从战争年代到改革开放的时代，“毛泽东号”机车人员始终把永不自满、永不停顿、安全运输作为机车组永恒的主题。他们在全路率先提出和推广了“责任心加责任制加基本功等于安全”的经验和方法，使一次出乘的上百个作业环节实现了制度化、程序化、标准化，从而保证了行车安全，为铁路运输作出了突出贡献。“毛泽东号”车组多次被评为全国、全路的先进集体和安全标兵。

“毛泽东号”机车在全国数千台火车头中是保养得最好、节省燃料最多、安全运行最长、从未出过任何责任事故的优秀机车。为了学习和推广“毛泽东号”机车组的经验，全国各条铁路都开展了学习“毛泽东号”、争创模范机车组的活动。“毛泽东号”机车成为全国铁路安全运输的一面旗帜，是中国火车的“火车头”。

四十九 “刘伯承工厂运动”始末

“刘伯承工厂”是解放战争时期唯一一座以元帅名字命名的工厂，并曾掀起一场“刘伯承工厂运动”。

1947 年春，八路军军工部为推进军工厂企业化，把当时正在开展的生产竞赛推向持久发展，决定由边区总工会牵头，开展以“数量多，质量好，成本低，原料足，销路广”为内容的生产竞赛运动。1947 年 8 月 1 日，刘伯承司令员向太行军事工厂赠送了亲笔题写的“提高兵工质量，增大歼灭战的实效”的锦旗。随后，经军工部领导决定，将正在开展的竞赛运动命名为“刘伯承工厂运动”，竞赛的优胜者授予“刘伯承工厂”的称号。

在工会号召下，全区兵工厂掀起了争创“刘伯承工厂”的生产竞赛热潮，把每个人的生产岗位和每个厂的生产任务，都同解放军进行战略反攻的大目标联系在一起。工厂之间展开你追我赶、相互合作的竞赛，各工厂内部开展立功活动，制定了记功、评功、表功的办法。立功等级分为特等功、大功、中功、小功 4 种，并制定了 28 种立功的具体标准。立功内容十分广泛，只要好好干，“人人有功立，事事可立功”。在竞赛中到处都可以听到“人人要立功，立功最光荣”等鼓舞人心的口号。每个工厂从厂长到工人，人人都订有立功计划，并按照竞赛条件定期检查评比，形成了全面改造、全面提高的生产竞赛运动，使工业生产运动开始向新的阶段发展。

“刘伯承工厂运动”推动了生产技术的发展，出现了从未有过的技术革新的局面。竞赛前，各工厂虽有过一些改革，但手工操作的比例仍占 95% 左右，完成任务主要依靠提高劳动强度和延长工作时间。在竞赛运动中，大家动脑筋、搞改革，革新成果不断涌现。改革工具 300 多件，创造发明

⊙ 刘伯承工厂

261项。

“刘伯承工厂运动”还有效地促进了企业管理水平的提高，能够均衡生产、按期交货，是解放区工业管理与生产运动的一大进步。过去，由于处于游击战争年代，管理制度不健全。经过竞赛运动，不少工厂合理地建立管理制度，改进劳动组织，加强经济核算，进一步调动了职工当家作主管理工厂的积极性，而且质量有了提高，成本不断降低。

1948年4月，军工处召开“刘伯承工厂运动”总结大会，历时13天，表彰奖励了成绩突出的工厂和职工。长治南石槽兵工厂各种工作发展平衡，改革工具100多件，生产与管理成绩突出。生产的八二迫击炮弹，质量不断提高，全年未发生过炸炮、瞎火等事故，产量稳步上升。尤以生产组织管理为优，能够全年月月按期交货，从不延误，成绩最好，被大家公议评选为“刘伯承工厂”，获得刘伯承司令员题词的锦旗。

1949年3月，刘伯承司令员回根据地视察时，谦虚而恳切地嘱告兵工局，不要以他的名字来命名开展“刘伯承工厂运动”。此后，即将“刘伯承工厂运动”改称生产竞赛运动。

五十 “两个务必”与“全心全意依靠工人阶级”

“全心全意依靠工人阶级”是毛泽东的著名论断，长期以来被党和工会奉为圭臬。“两个务必”也是毛泽东在共产党“进京赶考”之际，对全党发出的告诫。这两个著名论断，出自同一篇讲话，那就是在党的七届二中全会上的报告。

1949 年，革命形势发展迅速，随着辽沈战役和平津战役的胜利，中国工人阶级即将迎来新中国的诞生。

1949 年 3 月 5 日，中国共产党第七届中央委员会第二次会议在河北省平山县西柏坡村开幕。毛泽东在这次会议上作了报告，提出促进革命迅速取得全国胜利和组织这个胜利的各项方针；指出在全国胜利的局面下，党的工作重心必须由乡村转移到城市；规定了党在全国胜利以后，在政治、经济、外交方面应当采取的基本政策，以及使中国由农业国转变为工业国、由新民主主义社会转变为社会主义社会的总任务和主要途径。毛泽东的报告还强调了在城市工作中要执行全心全意依靠工人阶级的方针。

人民日報

中共二中全會完滿結束

毛澤東主席向全會作工作報告

全會批准召開新政協成立聯合政府

確定黨的工作重心由鄉村移到城市

⊙ 1949 年 3 月 25 日《人民日报》关于党的七届二中全会的报道

就是在这一次会议上，毛泽东提出著名的“两个务必”。

毛泽东说，夺取全国胜利，这只是万里长征走完了第一步。如果这一步也值得骄傲，那是比较渺小的，更值得骄傲的还在后头。在过了几十年之后来看中国人民民主革命的胜利，就会使人们感觉那好像只是一出长剧的一个短小的序幕。剧必须是从序幕开始的，但序幕还不是高潮。中国的革命是伟大的，但革命以后的路程更长，工作更伟大、更艰苦。这一点现在就必须向党内讲明白，务必使同志们继续地保持谦虚、谨慎、不骄、不躁的作风，务必使同志们继续地保持艰苦奋斗的作风。

在这一次会议上，毛泽东还提出了著名的论断——“全心全意依靠工人阶级”。

在城市斗争中，我们依靠谁呢？有些糊涂的同志认为不是依靠工人阶级，而是依靠贫民群众。有些更糊涂的同志认为是依靠资产阶级。我们必须批判这些糊涂思想。我们必须全心全意地依靠工人阶级，团结其他劳动群众，争取知识分子，争取尽可能多的能够同我们合作的民族资产阶级分子及其代表人物站在我们方面，或者使他们保持中立，以便向帝国主义者、国民党、官僚资产阶级作坚决的斗争，一步一步地去战胜这些敌人。

这就是“全心全意依靠工人阶级”的由来。

党的七届二中全会前后，刘少奇在多次讲话中都强调要全心全意依靠工人阶级恢复和发展生产，改造和建设人民的新城市。与此同时，邓小平主持工作的西南局也对如何全心全意依靠工人阶级作出了明确规定，即必须从思想上认识工人阶级的作用，必须把工人的最大多数组织到工会中去，并依靠工会去教育工人。这些指示为在实际工作中真正做到依靠工人阶级指明了方向。

第六次全国劳动大会之后，中华全国总工会机关先后两次南迁，1948 年 12 月迁至沈阳，1949 年 3 月迁至北平，开始加强对全国工会工作的指导。

中国工人运动从此掀开了新的一页。

五十一　缘何“多挖三锹煤”

解放军渡江战役打响的时候，东北煤矿职工代表大会正在沈阳召开。

1949 年 4 月 20 日上午 9 时，全东北 14 万煤矿职工的首次代表大会在沈阳市政府大礼堂隆重揭幕。东北行政委员会林枫主席、朱其文市长，东北总工会张维桢主席，劳动局唐韵超局长，工业部陈郁、吕东部长及各机关、工厂、学校代表 40 余人莅会祝贺。

大军渡江的捷讯传来，全体代表欣喜若狂、掌声雷动。1949 年 4 月 22 日早饭后，各代表团自动集合，讨论如何支援大军前进。有的提出加义务工一日，献纳一日工资；有的提出每人每天多挖三锹；有的要求上级增加任务；有的提出完成定质、定员、定量、定材的正规生产计划……在讨论中，抚顺、本溪、鹤岗、鸡西、赛马、西安、阜新、蛟河、通化、北票等煤矿代表团一致决议，为支援大军前进，发起每日每人“多挖三锹煤”的运动。

喜悦的气氛立即传到会上，林枫代表中共中央东北局及东北行政委员会讲话。他说："我们每一个职工在挖下一块煤块的时候，必须想到这块煤与你本身福利有关，与全国革命胜利有关！因为今天大家是国家的主人！"

朱其文市长在讲话中说："过去被人称为煤黑子的煤矿工人，今天走进沈阳人民市政府的礼堂开会，我感到非常光荣，因为这说明在共产党领导下东北发生了翻天覆地的变化——我们工人从奴隶变成国家的主人了！"

东北总工会张维桢主席在讲话中指出，今后煤矿产业工会成立后主要有三件工作：一是动员全体职工完成 1000 万吨生产任务；二是办好职工福利，特别是合作社；三是加强工人的政治文化技术教育。他在讲话中号召大家每天多挖三锹，一锹为打倒反动派，一锹为工人福利，一锹为把农业国变为工业国。

工人代表李明说："过去我在沈阳挑灰抬砖，建造这座市政府大楼，但是建起来以后我们连进来看看都不行。之后我被敌人抓到鸡西煤矿去挖煤，我们一块被抓去的一共 100 多个，现在只剩了 16 个。过去生活不用说了。可是共产党来了！我们才过上人的日子了！而且今天还到了这个亲手建造的房子来开会。现在共产党号召我们生产，过好日子，我们一定完成！"

大会闭幕之际，东北煤矿职工代表大会 287 名代表，代表东北 14 万煤矿职工致电毛主席、朱德总司令及解放军全体指战员，热烈拥护毛主席、朱德总司令的进军命令与祝贺 30 万大军胜利渡江。

电文称："今天我们代表东北 14 万煤矿职工，衷心拥护你们的命令，并在你们的命令面前宣誓：我们 14 万煤矿员工，将坚决在你们及党中央、东北局的领导下，克服一切困难，完成并超过年产 1000 万吨煤的计划来支援大军前进，保证你们的命令更加迅速而顺利地完成，以便很快地取得全国胜利。"

五十二 “工会将军”知多少

新中国成立之初，将星闪耀。至今人们津津乐道、如数家珍的十大元帅、十大将军，若干开国上将、中将、少将，个个战绩辉煌，为共和国建立贡献了不可磨灭的功勋。

我们知道，解放军叫作“工农子弟兵”，也就是说战员全部来自工农，其中工人出身的将军为数不少，有的从事过工人运动，有的还当过工会主席。

1927 年 10 月，毛泽东率领秋收起义部队进驻宁冈、攻下莲花县城后，原有的莲花县总工会立即恢复活动，并在城区建立店员工会和铁业工会。同年 11 月攻克茶陵后，共产党员、印刷工人谭震林立即发动工人，重建县总工会，并当选工会主席。

1929 年 1 月，毛泽东、朱德、陈毅率领红四军从井冈山出发，向赣南、闽西进军，开辟了大片革命根据地，所到之处，号召工人组织工会、农民组织农民协会、工农联合建立革命委员会。随着革命根据地的开辟，这些地区的工会组织随之建立起来。

1949 年 10 月 1 日，当毛泽东在天安门城楼豪迈宣布“中华人民共和国成立了”的时候，中国工人阶级与工会组织也进入了一个新纪元。他们信心百倍、豪情满怀地将以新社会主人的姿态，在这个崭新的时代舞台上高歌猛进！

天安门前，雄壮的解放军队伍接受检阅。这支钢铁洪流中，有 13 位百战名将出自安源，他们中有后来成为解放军总参谋长的杨得志上将、南京军区副司令员刘先胜中将、广州军区副政委晏福生中将、海军副司令员方强中将、国防科委副主任唐延杰中将、北京军区副司令员韩伟中将、北海舰队政委丁秋生中将、工程兵副司令员王耀南少将、北京军区副政委吴烈少将、铁道兵副司令员罗华生少将、解放军总后勤部西安办事处政委罗桂华少将、新疆军区副司令员幸元林少将、广东省军区政委熊飞少将。

他们中间，还有水口山铅锌矿的矿工，后来成为国防部部长的耿飚。

城楼上下，还有更多的工人出身、领导和从事过工人运动的开国元勋。例如，铁路工人出身的王震上将，理发工人出身的甘渭汉中将，以及当年的红军“工人师”师长，后担任广州市第一任市长的梁广。

还有许多人没能活着看到这一幕，例如，曾担任过中华全国总工会委员长、后任新四军副军长的项英牺牲于皖南事变。此外，更多的有名或无名的烈士没能看到，但他们的英灵将与山河同在、与日月同辉。

五十三　工会领导“反把头”运动

新中国成立初期，工会领导工人阶级，在建筑行业开展了一场轰轰烈烈的“反把头”运动。

把头相当于现在的包工头，这一制度起源于旧建筑业的包工制。在包工制度下，建筑公司和营造厂不负责招工和调配劳动力，而由把头来担负这一工作。即由建筑公司包给大把头，大把头包给小把头，这样层层转包、层层剥削，到工人手里时，工费只剩下十分之三、十分之四，甚至产生了奴隶统治、非法压迫等现象。《工人日报》1951 年 8 月 26 日社论指出：

> 把头们对工人的剥削是十分残酷的。有些地区，工人实得工资仅占应得工资的 30% 到 50%，而且，连工人实得的这区区之数，把头们也还要巧立名目，想尽花样加以剥削，如代办伙食、扣家具费等。北京市某把头，因为偷漏国税被政府罚款，把头就把政府对他的罚款，

按日摊派到工人身上去，这是何等骇人听闻的事！在把头们敲骨吸髓地层层盘剥下，工人们当然谈不上怎样去钻研技术，提高工程质量。因此，工作草率、材料大量浪费、工程质量低下就成为普遍现象，而最后蒙受损失的是我们国家的基础建设事业。

有例为证，如1949年开国大典，要把新华门修饰一下，但建筑公司竟然敢偷工减料——真是偷到国家的大门口了。

中华全国总工会副主席李立三在北京市建筑工人代表会议上讲话，愤怒地指出，把头制度是世界上最封建、最残酷、最野蛮的一种剥削制度。用封建制度层层转包来剥削工人，把头可以不劳而获，这叫作非经济剥削。现在官僚买办、地主阶级被打倒了，但是，那种封建的残余思想还存在着。某些国营建筑公司允许把头制度存在，允许把头剥削工人，这是多么严重的问题！这不仅仅使我们建筑业遭到严重危害，而且关系我国的建设事业是工人阶级领导还是资产阶级领导。

他说，我们工人阶级是国家的领导阶级；我们有伟大的毛主席，伟大的、光荣的、正确的共产党领导，我们工人阶级的领导一定会胜利。要动员全体人民向资产阶级的进攻作坚决斗争，在这一斗争中，我们工人阶级应当起带头、骨干、最积极的作用。李立三要求，工会在反把头斗争中要起组织群众、领导群众的作用，还要求干部到群众中去，和群众一块生活，了解他们的问题，然后根据他们的困难和痛苦进行宣传教育工作，以此来提高群众的觉悟。这一运动要先从一个工地、一个公司开始慢慢推广，然后再全面开展。

在工会的组织动员下，全国各地建筑行业开展了声势浩大的反把头斗争。一批封建把头受到批斗、惩处，同时，工会放手发动群众，成立工会与把头开展斗争，通过计件工资制等制度，使企业与职工建立直接经济联系，在提高工人收入的同时，也提升了劳动效率和建筑质量。经过一段时间的运动，反把头斗争取得胜利，建筑行业把头现象基本绝迹。

五十四　职工厕所成为重要的事

我们前文说过，在北洋政府和国民党时期，有过几次由于厕所激起的罢工事件，如浦镇机厂、山海关铁工厂等。现在我们来看看新中国是怎样关心职工卫生的。

1950 年 2 月，中央人民政府劳动部、卫生部、纺织工业部、中华全国总工会、天津中纺公司、天津市卫生局及纺织工会联合组成的天津工厂卫生检查组，用了一周的时间对中纺二厂、四厂、五厂、六厂、七厂，中纺机器厂，华北猪鬃公司等 7 个公营工厂和中纺医院，还有仁立毛织公司、达生纱厂、北洋纱厂、利中化学公司等 4 个私营工厂进行了卫生检查。在检查中，李立三发现天津纺织厂卫生问题严重，有些企业工人厕所既脏又少、冷若冰窖，严重影响职工健康和企业卫生，于是，马上提笔给刘少奇、陈云、薄一波写了一份报告。

少奇、陈云、一波同志：

我和两个苏联顾问到天津看了两个纺织工厂，发现了一些问题，其中一个很严重的，就是工人中生病的很多，每厂有二三百人。军事代表和厂长都说工人生病是由于生产太紧张。后来询问工人及检视结果，发现生病的主要原因并不是劳累过度，而是卫生设备太坏。如厕所毫无暖气设备，并且是天窗，温度与室外一样，工人从高温的车间上厕所后，极易受寒。中纺三厂清花间和细纱间，共一个厕所，六百人只有九个孔，工人上厕所，常常要在冷屋中等候半点钟。如厨房不清洁，洗碗是在桶里洗，而不是用自来水冲洗，因此极易得传染病。如食堂也是很肮脏，没有洗手设备。如工厂医疗所没有妇科医生。如车间地板不打扫干净，工人滑倒跌伤。我们觉得这些是工人病多的主要原因，而改善这些卫生清洁并不需要花费很多钱。因此和钱之光、贺诚同志及苏联顾问会商了一次，决定了下列几项办法：

（一）组织一个清洁卫生检查组，检查天津中纺7个工厂的卫生状况，并拟出具体改善办法，然后由纺织部和劳动部共同指令执行。

（二）起草一个工厂卫生条例，发到企业管理机关与工会组织研究修改后，再由劳动部呈请政务院颁布。

（三）请卫生部指定天津为工厂卫生保健实验区之一，先从纺织工厂着手。

以上意见，是否妥当，请予指示。

敬礼！

刘少奇在接信后，马上作出批示，要求新闻单位公开发表这次检查中的问题，并要求企业行政和工会领导人员思想上切实注意工人们日常的生活卫生，落实李立三提出的几条改进意见。不久，新华社播发了这次卫生检查情况，各企业也改进了职工卫生条件。

党和国家领导人、工会干部能够关心到这样具体的小事，也只有在共产党领导下，在社会主义国家才能看到，也只有真正关心职工的工会才能做到。

五十五　开国首颁《工会法》

中华人民共和国成立之初，在国家各项事业百废待兴的形势下，立法工作有条不紊地向前推进。首批颁布的两部法律：一是 1950 年 5 月 1 日公布施行的《婚姻法》，二是 1950 年 6 月 29 日由毛泽东主席以中央人民政府命令的形式公布施行的《工会法》。命令如下：

中央人民政府命令

中央人民政府委员会第八次会议通过的中华人民共和国工会法，应自一九五〇年六月二十九日起公布施行。此令。

主席毛泽东

一九五〇年六月二十九日

可见，工会工作的重要程度不亚于终身大事。足见党和国家对工人阶级的关怀、爱护和对工会组织的重视与期望。

《工会法》共 5 章 26 条，对新中国工会的性质、组织原则、工会的权利与责任、工会基层组织、工会经费作出了规定。

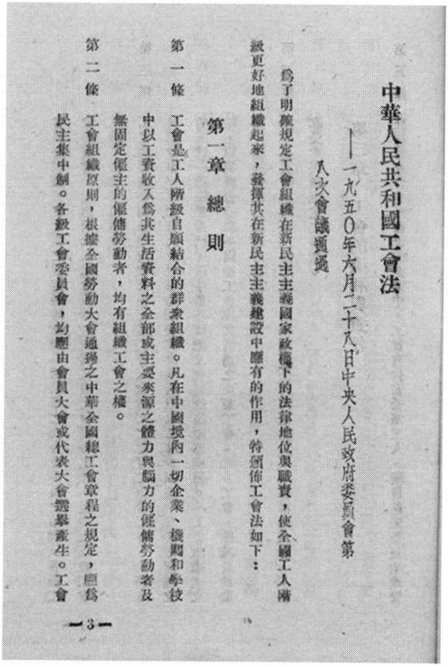

中華人民共和國工會法

——一九五〇年六月二十八日中央人民政府委員會第八次會議通過

爲了明確規定工會組織在新民主主義國家政權下的法律地位與職責，使全國工人階級更好地組織起來，發揮其在新民主主義建設中應有的作用，特頒佈工會法如下：

第一章 總則

第一條 工會是工人階級自願結合的群衆組織。凡在中國境內一切企業、機關和學校中以工資收入爲其生活資料之全部或主要來源之體力與腦力的僱傭勞動者及無固定僱主的僱傭勞動者，均有組織工會之權。

第二條 工會組織原則，根據全國勞動大會通過之中華全國總工會章程之規定，應爲民主集中制。各級工會委員會，均應由會員大會或代表大會選舉產生。工會

—3—

1950 年版的《中华人民共和国工会法》

《工会法》规定了新中国工会的性质，指出：工会是工人阶级自愿结合的群众组织，凡在中国境内一切企业、机关和学校中以工资收入为其生活资料之全部或主要来源之体力与脑力的雇佣劳动者及无固定雇主的雇佣劳动者，都有组织工会的权利。工会的组织原则为民主集中制。

《工会法》以法律形式确定了工会在人民民主专政体系中的地位和作用，明确规定工会的权利和职责，即在国营及合作社经营的企业中，工会有代表受雇工人、职员群众参加生产管理及与行政方面缔结集体合同的权利；在私营企业中，工会有代表受雇工人、职员群众与资方进行交涉、谈判、参加劳资协商会议并与资方缔结集体合同的权利；工会

有保护工人、职员群众利益，监督行政方面或资方切实执行政府法令所规定的劳动保护、劳动保险、工资支付标准、工厂卫生与技术安全规则及其他有关的条例、指令等，并进行改善工人、职员群众的物质生活与文化生活的各种设施的责任。

《工会法》同时规定了工会组织应承担的义务、工会基层组织、工会经费等。

《工会法》的制定是对工人运动和工会发展的有益探索。一方面，从法律层面赋予工会的权利和职责，反映出工人的意愿和要求，必将极大鼓舞全国工人的主人翁意识和责任感；另一方面，对工会基层组织、工会经费等具体内容作出明确规定，使得工会成为独立的组织体系，并在全国范围内得以逐步完备和健全。《工会法》为新中国工会的存在和活动提供了法律依据和保障。

《工会法》公布后，全国各地迅速掀起学习《工会法》、宣传《工会法》、贯彻执行《工会法》的高潮，极大地促进了工会工作的开展。

现行《工会法》于 1992 年 4 月 3 日第七届全国人民代表大会第五次会议通过，1992 年 4 月 3 日中华人民共和国主席令第五十七号公布（1950 年颁布的《工会法》同时废止）。根据 2001 年 10 月 27 日第九届全国人民代表大会常务委员会第二十四次会议《关于修改〈中华人民共和国工会法〉的决定》第一次修正。根据 2009 年 8 月 27 日第十一届全国人民代表大会常务委员会第十次会议《关于修改部分法律的决定》第二次修正。

五十六　工会组织“关心到家”

新中国成立后，各级工会不仅关心职工利益，还高度重视职工家属工作——真可谓“关心到家”。

1950 年 11 月，中华全国总工会发布了家属委员会的相关条例，规定家属委员会的任务是组织、教育家属群众执行家属代表会议及工会委员会有关职工家属之决议，以保证职工完成生产任务。家属委员会由家属大会或家属代表会议选出 3 至 15 人组成。

家属委员会的主要工作内容有:（一）向家属群众宣传生产竞赛之意义，同时采取各种方法，帮助家属群众做到协助职工完成与超额完成生产任务。（二）经常听取家属群众意见，关心家属群众生活与疾苦，组织家属群众在自愿原则下，进行亲友邻里互助，以解决生育、疾病、缺乏劳动力、孩子牵累等特殊困难。（三）动员家属群众参加文化学习及文娱活动，培养与表扬工作积极分子及家属模范。

当时，各级工会都把职工家属工作当作整个工会重要工作之一，在计划、布置、检查与总结工作时，都把家属工作作为工会工作的一部分与工会其他工作一起布置、一起检查、一起评模、一起受奖、一起总结。

有道是“家和万事兴”，在党的领导下，工会家属工作取得了很大成绩。政府的关怀和工会的重视，提高了家属群众的地位，从而间接促进了企业的发展。无锡一工厂家属接到了厂方邀请她们参加工会会议的请帖，走进会场感动得流泪说：“从前走到厂门口，求见自己的丈夫或子女，简直像去探望监牢一样；有了毛主席，我们当上宾了。”工会对家属工作的重视，不仅提高了职工的工作积极性，也提高了家属的爱厂热情。不仅工人把工厂当成自己的，而且工人家属也能把工厂当成自己的。北京石景山发电厂生产竞赛的时候，工人家属也提出竞赛条约。劳动模范刘德珍的老伴提出保证：（一）家里的事情不要刘德珍过问。（二）保证让刘德珍吃得好，一个星期不吃同样的菜。

1951 年 10 月，中华全国总工会召开了第一次全国工会家属工作会议。会议由中华全国总工会女工部副部长杨之华致开幕词，中华全国总工会副主席朱学范、全国妇联副主席邓颖超、中央人民政府重工业部副部长何长工、燃料工业部副部长刘澜波、卫生部妇幼卫生局局长杨崇瑞等出席会议并讲话。

中华全国总工会副主席李立三在作会议总结时指出：工会组织要明确认识家属工作是工会工作的重要组成部分，应有专人负责家属工作。他特别提出，工会要尽一切可能吸收工人家属参加工会的一切活动，特别是文化娱乐生活。李立三专门举例说："有的工会组织发电影票时，规定必须是会员或工人才有，有的工人想带着老婆去看戏，工会不答应，气得工人把自己的票也扯了。这是很不好的，我们不仅应当允许工人带老婆去看，而且还应当有意识地这样做。工会的其他活动，如组织劳动竞赛、评模等工作，也要请工人家属参加。"

显而易见，在那个时代，当一名工人光荣，当一名工人家属也同样光荣。

五十七 “三驾马车”带动“万马奔腾”

在社会主义建设时期，有三位姓马的劳动模范闻名遐迩，分别是马恒昌、马万水、马六孩，他们在不同的岗位上作出了突出的贡献。在这“三驾马车”的带动下，全国劳动竞赛呈现出“万马奔腾”的局面。

马恒昌于1907年出生于辽宁省辽阳市，1923年初入抚顺发电厂车工组当学徒，1926年到沈阳做工。1948年11月2日，沈阳解放，工人由旧社会的奴隶变为新时代的主人，马恒昌焕发出极大的积极性和创造性。

1949年2月，马恒昌被工友推选为组长，他在组内发扬民主，积极革新，在工厂开展的迎接“红五月”的劳动竞赛中夺得“劳动竞赛模范班”的红旗，光荣地加入了中国共产党。这个先进小

⊙ 马恒昌

组的出现，引起沈阳市总工会、东北总工会和东北人民政府工业部的普遍关注，分别评定该组为模范生产小组，并授予马恒昌特等劳动模范称号。为了使爱国主义竞赛经常开展下去，马恒昌小组向全国各厂矿工人发起挑战。各地各企业班组纷纷应战，掀起了一个“创造马恒昌小组式先进班组”的热潮。

1950年9月，马恒昌出席第一届全国工农兵劳动模范代表大会，幸福地见到了伟大领袖毛主席，大会命名马恒昌为全国劳动模范，命名马恒昌小组为全国劳动模范班组，他们被树为全国工业战线上的先进典型。

70年过去了，马恒昌小组红旗不倒。有趣的是，现任马恒昌小组组长马兵，正是马恒昌的孙子。

马万水，1922年出生，河北省深县人，中共党员，曾任河北龙烟铁矿“马万水小组”组长。1950年被授予全国劳动模范称号，第一、第二届全国人大代表。以他的名字命名的马万水工程队，曾20次创造全国掘进纪录。1950年9月，“马万水小组”被评为全国劳动模范集体，马万水被评为

⊙ 马万水

全国劳动模范，参加了新中国成立一周年国庆观礼。毛主席、周恩来和他亲切握手，并勉励他和小组全体同志当好国家主人，再接再厉、勇攀高峰。

1950年6月，他所在的掘进5组以手工操作月进石英岩巷道23.7米的速度，创造了全新纪录，5组被正式命名为“马万水小组”。在以后的十几年中，“马万水小组”刻苦奋战、顽强拼搏，创造了一个又一个开凿工艺史上的奇迹。从新中国成立初期的“掘进5组”到20世纪50年代的“马万水小组”、60年代的“马万水工程队”，再到如今的“中国华冶马万水分公司”，他的名字为这个集体注入了勃勃生机。

马六孩，1916年出生于山西大同一个贫苦家庭，8岁开始下煤窑背炭。大同解放后，马六孩为了新中国的建设，和同一掘进组的工人连万禄一起主动奉献，创造了新的掘进纪录。马六孩在工作中边干边总结，创造了许多先进经验和做法。1951年6月，他率领的快速掘进组突破了月进300米大关，创造了全国掘进最高纪录。

⊙ 马六孩

煤矿管理总局向全国各地煤矿推广马六孩先进工作法。“马六孩多孔道循环掘进工作法”推广成功后，各矿掘进速度在原来的基础上提高了2至3倍，最高的提高了5.8倍。

马六孩生前曾担任大同市总工会、山西省总工会副主席。

五十八　时传祥“单刀赴会”

1949 年 1 月 31 日，北平和平解放了。人民政府接管了旧卫生局管辖的清洁总队，成立了粪污管理所。同年，各区相继成立了“粪业工人工会”，淘粪工人时传祥被选为前门区委员，并担任了工会小组长。

1952 年，人民政府应广大淘粪工人的要求，召开了“粪霸”斗争大会。那天，时传祥腰里揣一把菜刀，第一个来会场。当干部们问他带刀干什么时，他满腔怒火地说：“有机会砍他两个，好给淘粪兄弟报仇。”

老实的时传祥，为什么这么大怒火？因为他们受“粪霸”的欺负实在太久了。

是的，别看淘粪这个众人掩鼻而过的行业，原来也存在垄断经营。北京在国民党统治下，一直实行“粪道”制度——相传是清朝乾隆年间，大臣刘墉为了扩大自己的势力，就把厕所的淘粪权给了自己的乡亲，每人在固定的街巷淘粪，世代相传，就成了私产，形成了粪道。粪道主占有市民厕所，自行买卖、租赁、转让或雇工经营，对工人进行残酷的控制和剥削。其中，有些粪道主本身即恶霸，勾结日伪和国民党反动势力，霸占粪道，豢养打手，打骂、逼死甚至活埋淘粪工人。北平解放以来，“粪霸”仍蔑视人民政府法令，阻止工人参加工会，霸占公厕，甚至阴谋聚众捣乱，危害社会治安。

和时传祥一起淘粪的老工人石加斋给“粪霸”干了几十年，得了病没钱医治，狠心的“粪霸”硬是把他赶出了粪场。第二天，石加斋就冻死在一棵树下。还有一个工人，因为干活碰坏了腿，成了残废，“粪霸”就偷偷把他活埋了。提起这些往事，时传祥就不由得怒火冲天，报仇心切。

在干部的启发下，时传祥明白了，共产党领导人民闹革命，是要把天下所有的“粪霸”、所有的剥削阶级统统消灭掉，解放所有的受苦受难的劳动人民。于是他上台现身说法，控诉了“粪霸”的罪行。他的控诉像一把火，把淘粪工人心中的怒火

⊙ 时传祥

点燃。广大工人纷纷上台倒苦水、诉仇冤，和“粪霸”算总账，打倒“粪霸”的口号声响彻会场。

工会成立后，淘粪工人有了说话的地方，有了做人的权利，真的扬眉吐气了。这件事使时传祥受到了深刻教育，看到了工人阶级团结的力量，真的感受到了从前的奴隶变成了新社会的主人的幸福。

1954年，北京市消灭了粪业私有制，时传祥被调到北京市卫生局领导的粪便清除队工作。工人不但有各种各样的劳保用品，而且工资翻了好几番。1956年11月23日，他光荣地加入了中国共产党。

1959年10月，全国群英大会在北京隆重召开。时传祥作为北京代表团的成员，光荣地出席了大会并选为大会主席团成员。刘少奇主席、朱德委员长、周恩来总理等党和国家领导人亲切接见了英模代表。刘少奇握着时传祥的手说：“你淘大粪是人民的勤务员，我当国家主席也是人民的勤务员，这只是革命的分工不同，都是革命事业不可缺少的一部分。”

国家主席与淘粪工人的握手，成就了一段经典的佳话。

五十九　赵国有“创造新纪录”

话说东北解放后，工人成了国家的主人，他们长期被压抑的劳动热情像火山一样喷发出来。面对千疮百孔、百废待兴的沈阳，工人们纷纷站出来，以主人翁姿态挑担子、出主意、想办法、献力量。在东北解放区，中共中央东北局作出《关于东北解放后的形势和任务的决议》，要求把东北解放区的工作重点转移到经济建设方面来。工人们在积极献纳工厂严重短缺的器材、帮助政府恢复生产的同时，开展了以发明创造、技术改进、提合理化建议、节约原材料为内容的“创造新纪录运动”。

这一运动首先是从沈阳机械行业开始的。沈阳机床三厂车工赵国有在 1949 年的红五月竞赛中，把车一根车床主轴的时间从 56 小时缩短到 21 小时，首开新纪录。后来他又一再创造车塔轮的新纪录，被评为厂里的一等功臣。

赵国有于 1924 年 3 月生于辽宁省辽阳县，15 岁便到沈阳的“满洲制作所”当学徒。新中国成立后，他被选派到沈阳市总工会组织的第一期职工训练班学习，政治觉悟迅速提高，被分配到第三机器厂（今沈阳第三机床厂）当车工。当时的车床吊挂塔轮要16个小时才能车出一个，几经改进技术，车出一个塔轮最快也要8个小时。赵国有开动脑筋，潜心钻研，诚心向兄弟工厂学习生产经验，虚心向老工人请教改进方法，终于在1949年8月创造了2小时20分车出一个塔轮的纪录，轰动全厂。此后，他再接再厉，仅一个月后又把时间缩短到1小时16分，到年底，他竟创造出50分钟车出一个塔轮的新纪录。

⊙ 赵国有

赵国有的成功立即在全厂、全市掀起一股创造新纪录的热潮。当时的《东北日报》报道："赵国有是东北新纪录运动的创造者，今天不但成为东北工人的一面旗帜，而且在全国人民面前享有很高的荣誉。"创造新纪录运动从工厂发展到全机械行业，从沈阳发展到全东北。中共中央东北局、东北人民政府、东北总工会连续发出号召和指示，决定开展"创造新纪录运动"。这一运动取得了很好的效果，仅4个月就有5万多人参加，涌现出799名新纪录创造者。之后，中华全国总工会把这一运动又推广到了全国。“创造新纪录运动”对于增强工人的主人翁责任感、破除保守思想、用新的劳动态度对待工作、积极促进国家经济建设起了很大作用。

抗美援朝战争爆发后，赵国有团结工人，以“保证坚守岗位、严防敌特破坏、团结技术人员、完成生产任务”为条件，向全东北工厂发出了开展爱国主义劳动竞赛的挑战，在东北影响深远。1950 年 10 月，他出席了全国工农兵劳动模范代表大会，荣获全国劳动模范称号，并代表全体英雄、模范向大会致辞，受到毛泽东主席的亲切接见。他曾参加了中华全国总工会组织的职工代表团，去莫斯科参加“五一”纪念大会。在红场上看见了斯大林，并且在《真理报》上专文介绍中国工人阶级建设祖国的事迹。1951 年 5 月后，他调离沈阳，曾任中华全国总工会生产部副部长。

六十　张明山研制“反围盘”

鞍钢小型轧钢厂开工初期，设备陈旧，工艺落后，工人劳动强度大，劳动环境艰苦且危险。尤其夹钳煨钢工序更不安全，常常烫伤工人。工人不得不在极高的温度下劳动（加热炉内达 1500℃，红钢经轧钢机时 1200℃左右），由于红钢宛如火蛇，难以控制，工人称之为“骑红马、坐火车”，虽 10 分钟换一班，还是累得筋疲力尽，工伤、事故及职业病问题非常严重。过去工人常常挂在嘴边的一句话是：“小型厂，阎王殿，要吃饭，命来换。”

解决这一问题有个现成办法，就是研制出一种叫反围盘的设备。主意不错，但实现起来却很难。伪满时期，日本人想做反围盘，试验多次都失败了。在英、美、德等资本主义国家均未试验成功。为什么这么难？因为围盘的弧度、钢条的倾斜度和冲击力，都被认为是无法准确计算的问题，从而搁置下来。

张明山不信这个邪，他说：“我实在不忍心看到那些伤残工人的惨状，一定要把它搞出来。”他与两位老工人连续苦战三个寒暑，经过安装和调试，小型轧钢机精轧系统的“反围盘”装置研制成功，从而结束了小型轧钢厂27年手工煨钢的历史，实现了操作机械化、自动化，提高劳动效率40%，产品质量提高60%，根除了烫伤危险。试验成功那天，车间里人山人海、掌声如雷，工人们拥上前去，把张明山抱了起来，兴奋地说:“过去站着、撵着干，现在坐着、看着机器干”，老工友吕长宽说:“我们挟钳工这下至少可以多活10年”，有的还自动编写快板说:“小型厂生产自动化，钢坯不用人去拉，钢条不用人来挟，毛轧自动翻钢快又准，剪断自动回转把钢轧。自动化，真正强，生产和过去大不一样，干活省劲不受烫，工友不得职业病，寿命延长。”

张明山的成功，深刻影响了全体职工，有的工人说:“工人有两只手，要什么都有”，“人家能创造出来，咱也是老工友，就不能给国家创造么?”周任源工程师说:“过去认为从英美书本上找不到的，或认为不能使用的东西，自己就认为不能

⊙ 张明山

成功，根本没有看到工人阶级的伟大。”有的领导干部说：“这次对工人阶级伟大创造性的体会，比在过去任何时候都深刻！”此后，以研制“反围盘”为契机，一场机械化、自动化运动随即在鞍钢开展起来。

中华全国总工会主席赖若愚在参观了鞍钢自动化展览会后，高兴地说：“我们工人阶级现在已经具有了高度的爱国主义精神、集体主义精神、克服困难的精神，我相信我们在发展机械化的道路上，一定会继续迈进，继续取得胜利。”

1952 年末，《人民日报》以张明山研制“反围盘”及小型轧钢厂的技术革新运动为内容，发表《努力推动现有企业的技术改造工作》的社论，长春电影制片厂拍摄了电影《无穷的潜力》，邮电部发行了《反围盘》特种邮票。1956 年，张明山被评为全国劳动模范。

《反围盘》特种邮票

六十一　郝建秀工作法

郝建秀是纺织行业著名劳模。1949 年到青岛国棉六厂工作，在工作中摸索出改进纺织技术的细纱工作法，创造了 7 个月细纱皮辊花率平均仅 0.25% 的新纪录，这个纪录为当时全国棉纺织工业平均皮辊花率的六分之一。该工作法在全国推广后，整个纺织企业的产量大幅提高。该工作法也被称为“郝建秀工作法”。

创下这一纪录时，郝建秀是一个 17 岁的挡车工，进厂工作才两年多，但工作热情十分高涨，她常常说：“在工作时总是想起过去，看看现在，比比过去，真是天上地下，从这里就产生了一股工作力量。”

中国纺织工会全国委员会对郝建秀同志创造少出皮辊花新纪录的经验极为重视。为了更好地总结她的工作法和经验，中国纺织工会组建了由工程师、细纱优秀工人及党委、团委、工会干部等 17 人组成的郝建秀工作法研究委员会，有计划、有重点地分别进行研究与测定。总结成熟定型之后，中国纺织工会做出决议，在全国纺织工人和技术人员中推广郝建秀工作法：

> 纺织工会各级组织应立即将郝建秀同志的经验有计划地推广，组织全体纱厂工人、技术人员们学习这一先进经验，掀起全国纱厂生产的革新运动，达到提高产量、质量、降低成本之目的。

过去有不少纺织工人认为纺纱技术单纯，操作方法简单，机器在固定地转着，人能创造出什么新纪录？自从郝建秀的新纪录出现后，大家都明白了，每一个参加生产的工人都有创造新纪录的可能。

1951 年 8 月，华东纺织管理局青岛分局、中国纺织工会青岛市委员会举行细纱会议。中华全国总工会李立三副主席对郝建秀工作法的创造非常重视，亲自参加了这次会议。中国纺织工会主席陈少敏到会讲话。作为一名曾经的纺织工人，陈少敏说算了一笔账，如果全国细纱工人都学习郝建秀工作法，

⊙ 郝建秀在工作

增产数字将十分可观。假设全国细纱职工学习郝建秀工作法，使皮辊花率平均降低到青岛的平均水平，一年可以多产27113件，增加生产的超额利润就可以买50架战斗机，把这些飞机去支援中国人民志愿军，就会消灭更多的侵略军。

会议期间，陈少敏主席代表中国纺织工会全国委员会授予郝建秀同志一面标有“发扬工人阶级的创造性和积极性，推动人民纺织工业胜利前进”的锦旗。

同月，《工人日报》发表社论指出：

> 新中国的工人阶级是具有无穷的智慧和创造能力的。全国各地纺织工业和其他产业部门，都应该坚决依靠工人阶级，特别是工会工作者要经常注意发现和培养工人群众中的先进经验，有组织、有计划地加以推广，为加强祖国的经济建设，为创造全国人民和工人阶级的幸福生活而奋斗。

1951年10月3日，毛泽东嘱托中央办公厅复信表扬了郝建秀：“由于积极工作和学习，创造了新的工作方法，这个成绩是值得表扬的。”

1952年，中国纺织工会组织了郝建秀小组竞赛，进一步促进了纺织工业水平的提高。

六十二　王崇伦：“走在时间前面”

1953年，我国开始实施第一个五年计划，鞍钢的生产建设在突飞猛进地发展。就在这时，鞍钢机修厂工具车间的青年工人王崇伦，被“卡”在了凿岩机备件“卡动器”加工工序上。

此时，大批凿岩机因缺少备件而被迫停止作业。鞍钢矿山生产一线告急。

这时候的王崇伦已是“工人明星”，他参加工作不久就入了党，还相继革新成功7种工具、卡具，成了全厂有名的技术革新闯将。这回被“卡”住的原因是，他操纵的插床是“老掉牙”的旧机器，一天只能生产4个卡动器，还是二级品。王崇伦整天闷闷不乐地琢磨着。他当过刨工，心想：插床和刨床做的活不一样，就是因为插床上有个“圆盘”，如果刨床上也安上个“圆盘”，用刨床代替插床，把插床垂直切削转变成刨床的水平切削，会怎么样呢？

有了这个念头，他心中一喜。从此开始天天观察这两种机床的转动，琢磨它们的构造原理。插床的刀是上下动作，刨床的刀是横着走，他想照着插床的构造原理做个横走刀的圆盘，安在刨床上看是否能解决问题。就这样，王崇伦白天在厂子里，一到休息就自己在地上画起想象图。回到家里，王崇伦又拆下窗前小花墙上的砖头当底座，茶碗当“小轮”、茶盅当“大轮”摆在小炕桌上，低着头画一阵想一阵，拿着茶盅、茶碗比量一阵看一阵。一个多月后，终于画出了设计图纸。

试验开始了，机器开动了，王崇伦和工友们既兴奋又担心。当他们看到时间一分一秒地过去，机器加工行程速度始终平顺调和，脸上露出了喜悦的笑容。刨床上有了这个像茶盘样的小东西，生产一个“卡动器”零件的时间，就从两个半小时缩减到了 45 分钟、30 分钟。更让人震惊的是，以往加工凿岩机的 40 多个零件，每加工一种零件都得制作一套专用的卡具，而这一工具胎竟能全部取而代之。经

⊙ 王崇伦年轻时工作场景照

过一番集思广益，王崇伦创造的这一独特工具胎被命名为“万能工具胎”。

由于“万能工具胎”的使用，他操作的牛头刨成了“千里马”，在同时间赛跑中不断创出奇迹。仅1953年一年，他就完成了4年又17天的工作量，被誉为“走在时间前面的人”。

1954年元旦，重工业部发出通报，要求学习王崇伦首创精神。1954年2月，《工人日报》发表社论《学习王崇伦的先进榜样》。作家魏巍给王崇伦写信说：“社会主义的实现是可以早些也可以晚些的。因为社会主义并没有被藏到什么神秘的地方，它就在我们的手上。如果我们每个人都很自觉，都用它全部生命的力量来创造，那么它就会来得早些。”

1954年初，王崇伦、张明山、唐立言、黄荣昌、刘祖威、朱顺余、傅景文等7位劳模联名向中华全国总工会提出建议，在全国开展技术革新运动。中华全国总工会对这封具有特殊价值的建议信进行了专题研究，并于同年4月下发了《关于在全国范围内开展技术革新运动的决定》。此后，一场群众性的技术革新运动在长城内外大江南北蓬勃兴起。

六十三　苏广铭：时间的主人

苏广铭，1913 年 11 月出生于山东省平原县，1946 年 6 月参加革命工作，1956 年 3 月加入中国共产党。历任哈尔滨机车车辆厂工程师、黑龙江省总工会副主席、省职工技术协作委员会主任。他 24 年间实现技术革新 350 项，以“四分钟加工一块轴瓦”创全国纪录。

苏广铭从 1953 年至 1977 年一直被评为哈尔滨市劳动模范、模范标兵；连续 5 次被评为省劳模、省特等劳模、劳动英雄；1956 年、1959 年两次被授予全国劳动模范荣誉称号；被选为中共黑龙江省第四、第五届委员会委员；第二、第三、第四、第五届全国人民代表大会代表；先后 13 次见到毛泽东主席。

苏广铭年轻时在日本人经营的车辆厂做工，屈辱的记忆让他坚定了为新中国的富强而努力的决心。1954 年，哈尔滨市开展了增产节约劳动竞赛，掀起了学技术、学先进、争先进的热潮。他怀着对新中国的热爱，在平凡的工作岗位上努力拼搏，不断创造一个又一个奇迹。他发明的“玉米铣刀”成倍提高工效，提前两年完成了“一五”计划的生产定额，被誉为“时间的主人”。当时反映他技术革新先进事迹的新闻纪录片《时间的主人》在全国放映，产生了强烈的反响，他成为新中国工业战线上的排头兵。

⊙ 苏广铭

他原来操作的是一台 1928 年生产的老铣床，不仅性能落后，效率也低，每分钟只有 120 转，苏广铭决心让“设备改造”先从自己使用的铣床下手。为此，他整天泡在车间里、机台旁，吃饭、休息时脑子也在不停地琢磨着。经过反复研究和实践，最后发明了高速铣削手法，使这台铣床转速提高到每分钟 620 多转，提高工效 5 倍多，同时，他又创造了“错齿片铣刀”等先进技术，使工效成倍提高。“二五”期间，他用半年的时间就完成 5 年的工作量。

抗美援朝期间，哈尔滨车辆厂要加工一批平板车，时间紧、任务重，而且当时车辆厂加工车架设备十分落后。经过攻关，苏广铭设计了新式铣刀，可以同时加工几个面，使原来一天只能加工 1 个车架增加到一天加工 12 个，确保了生产任务的按期完成。

可以说，技术发明伴随了苏广铭一生。1973 年，苏广铭同志调任黑龙江省总工会副主席期间，心里仍然装着技术革新，积极推广先进技术。1986 年离休后，他又率先在全省组织起一支技术服务队，并带领队伍深入基层，为中小企业排忧解难，先后为 150 多个工厂解决了 100 余项技术难题。

每当总结自己过去的历史，苏广铭念念不忘党的恩情，“是党把我从水深火热中救了出来，是党给我创造了优越的条件，又是党给了我无数的荣誉，我从入党的第一天心里就盛满了党的嘱托，到什么时候我都不会忘记党的恩情”。

六十四 “工人市长”张百发

在很多人的记忆里，张百发的名字与亚运会工程联系在一起。而在更早之前，他的名字是和人民大会堂联系在一起的。他是建筑工地赫赫有名的“青年突击队长”。

张百发，1935 年出生于河北香河。1954 年加入中国共产党。历任北京市第三建筑公司一工区青年突击队队长、公司党委副书记、副经理，北京市建工局副局长，国家建委副局长、副主任，北京市常务副市长。

1958 年 5 月 25 日的《北京日报》报道：

> 张百发青年突击队正向全能突击队迈进，现在队里一部分人已经初步掌握电焊、气焊、烘炉和打混凝土等各种技术。他们计划今年内再有半数以上的人学会白铁工和水暖工技术，来减少窝工、等工和克服工地上由于工种不平衡所造成的施工困难。最近，他们调到西郊冷藏库工地时发现工地缺少一队混凝土工，他们就在绑完

钢筋之后，跟班学习浇灌混凝土。现在许多队员都初步掌握了混凝土工的技术。

张百发青年突击队通过两年多的实践，深深体会到学习多种技术的好处。因为他们肯学多种技术，不仅避免了许多次等工、窝工，还解决了工地上工种不平衡的困难。

张百发曾经有着“钢筋王”的美誉。1951 年，张百发参加工作，当上了钢筋工。1954 年“五一”前夕，由张百发和 11 名青年人组成的以他的名字命名的北京第一支钢筋工青年突击队诞生了。在张百发的带领下，他的青年突击队在 13 年的时间里，先后参加北京工人体育馆、人民大会堂、中央党校、北京大学、清华大学等 70 多个工地的新建和扩建工程。

⊙ 张百发

1958 年，20 多支青年突击队进驻人民大会堂工地，其中就有张百发钢筋工青年突击队、李瑞环木工青年突击队、王学礼青年突击队、丁庆云混凝土工青年突击队等。在建设工地，张百发和李瑞环同显身手，一个解决了放大样的技术问题，一个攻克了钢架跨越的难关。

他们的第一个任务就是要在10天内绑扎完人大常委办公楼工程的680吨基础钢筋。680吨钢筋这个数字，相当于他们1957年一年的工作量。经过9个昼夜奋战，终于胜利地完成了这项任务，创造了建队以来的高产纪录，实现了他们向1959年元旦献礼的保证。

他在人民大会堂干活的时候特别拼命。有一次，他好长时间没有睡觉了，为了让他能够休息一下，大家就偷偷地把他反锁在房间里，出不来，就只能在房间睡觉。结果，他把房间的窗户打开，从窗户爬出去，直奔工地，又去干活了。

20世纪50年代，张百发先后获得北京市劳动模范、全国青年社会主义建设积极分子、全国先进生产者等荣誉称号。张百发“出名”后，画家蒋兆和带着钦佩之情为他画像；邓拓在画像上题词：百尺竿头多面手，人民英雄张百发。后来，张百发在担任北京市副市长期间，仍一直保持平民工作风格，受到市民称赞。

2019年7月5日，张百发走完了84年的人生旅程，在北京逝世。

六十五　从“劳动大会”到“工会代表大会”

在新民主主义革命时期，从 1922 年 5 月到 1948 年 8 月共召开过六次全国劳动大会，这些大会在不同的历史时期都发挥过重大作用，其中尤其是第六次全国劳动大会，指导中国工人运动胜利实现了新中国成立前后的历史性转变，不仅完成了民主革命的任务，建立了新中国，而且为向社会主义

⊙ 1948 年 8 月 1 日，第六次全国劳动大会在哈尔滨召开

转变奠定了基础。

当国民经济恢复、新生政权巩固的任务顺利完成，向社会主义过渡任务已经提出的时候，中华全国总工会及时地研究了工人运动面临的形势任务的变化，于 1953 年 1 月在北京召开的六届二次执委会议上，作出于同年 5 月召开第七次全国劳动大会的决定。随后，1953 年 4 月在北京召开的六届三次执委会议上又讨论了第七次全国劳动大会的筹备工作，并根据工人阶级已经成为执政阶级、工会组织已经成为执政阶级群众组织且已实现了全国工会组织统一的现实情况，决定将“第七次全国劳动大会”改名为“中国工会第七次全国代表大会”。

这一重要改变，反映了新中国工会和工人运动发生的重大变化，揭开了其从新民主主义向社会主义过渡新的历史一页。

中国工会第七次全国代表大会于 1953 年 5 月 2 日至 12 日在北京召开，出席会议的代表 830 人，代表着全国 1020 万会员。中央国家机关和职工家属代表共 175 人列席了会议。世界工会联合会代表团和来自世界 20 多个国家的 30 多个工会组织代表应邀列席了会议。会议的主要任务是迎接大规模经济建设高潮的到来，总结六次劳大以来的工运经验，确立向社会主义过渡时期的工运方针，动员和组织工人群众参加国家经济建设。刘少奇代表中共中央、林伯渠代表中央人民政府、陈叔通代表全国政协分别向大会致辞。大会由刘宁一致开幕词，赖若愚代表中华全国总工会作工作报告，许之桢作修改工会章程的报告。

刘少奇代表中共中央在致辞中高度评价了国民经济恢复时期工人阶级的贡献，并对工人阶级完成新的历史任务提出了具体要求。他指出："我们祖国现正开始进入一个新的历史时期，并向我们提出了新的历史任务，这就是实现我们国家的工业化和逐步过渡到社会主义社会的任务……为了完成这个新的历史任务的目的，我们必须尽最大的努力充分地发挥广大工人群众的积极性和创造性，为完成与超额完成国家的经济计划而奋斗……为了这个目的，我们必须对工人群众加强共产主义的教育，提高工人群众的觉悟程度，使他们认识到全体人民的利益、国家利益与个人利益的一致性，同时，必须采取批评与自我批评的方法去克服企业中的各种缺点和错误，反对官僚主义，反对破坏劳动纪律的各种现象……为了这个目的，我们必须经常地、密切地关心工人群众的生活状况，在增加生产的基础上，按照必要与可能逐步改善工人的物质与文化生活和工人的工作条件。"

赖若愚代表中华全国总工会六届执委会向大会作了《为完成国家工业建设的任务而奋斗》的工作报告，许之桢作了《关于修改中国工会章程的报告》。大会选举产生了中华全国总工会第七届执行委员会，选举刘少奇为中华全国总工会名誉主席，赖若愚为主席，刘宁一、刘长胜、朱学范为副主席。

六十六　工会经济技术工作的“三大法宝”

劳动竞赛、合理化建议和群众性技术革新运动，长期以来是工会经济技术工作的“三大法宝”。

它们的源头，均来自“一五”时期。

根据“一五”建设计划要求和中国工会七大提出的方针任务，从 1953 年 5 月起，各级工会加强了群众生产工作，动员和组织职工超额完成国家下达的生产任务。

1953 年 9 月 15 日，中华全国总工会发出《关于进一步开展增产节约劳动竞赛，保证全面地完成国家计划的紧急通知》，全国各地、各产业、各个工矿企业的职工群众纷纷响应，劳动竞赛迅速地开展起来。1954 年 1 月，中华全国总工会再次就开展劳动竞赛的意义、指导思想和具体做法发出指示。同年 5 月 27 日，《工人日报》发表题为《积极开展技术革新运动，保证完成国家计划》的社论。由此，劳动竞赛和技术革新运动在全国范围内广泛展开。

从 1954 年开始，在一些产业和城市中出现了厂际间的竞赛。厂际竞赛的开展，促进了在职工中形成互助互学、赶先进帮后进的风尚，推动了企业生产的发展。

这时开展的劳动竞赛特点之一，就是与职工合理化建议、企业技术改进和企业管理相结合。1953 年全国职工提合理化建议 73.8 万件，被采纳 35.7 万件，而在群众合理化建议最活跃的 1956 年，全年职工提出合理化建议达 183.1 万件，被采纳付诸实施的 75.7 万件，这些合理化建议在实施后，都极大地促进了企业改进生产过程和管理、提高技术水平，取得重大效益。

劳动竞赛、合理化建议活动的开展，极大地激发了职工群众的创造热情和创造活力，由此推动了群众性技术革新运动的兴起与发展。

群众性技术革新运动起始于鞍山钢铁公司。1952 年，鞍山钢铁公司工人张明山创造了“反围盘”，减轻了劳动强度，提高了生产效率。这一做法被总结和推广，群众性的技术革新运动很快在鞍钢发动起来。随后，鞍钢机械总厂工具车间青年工人王崇伦创造了“万能工具胎”，一年完成四年的工作量，被誉为“走在时间前面的人”。

1954 年 4 月 14 日，鞍钢技术革新展览会在北京劳动人民文化宫举办，连续展出 3 个月，前往参观的达 37 万人。鞍钢技术在各大城市及工矿企业中引起了强烈反响。同年 4

月 15 日，全国著名劳动模范张明山、王崇伦、唐立言、黄荣昌、刘祖威、朱顺余、傅景文等 7 人向中华全国总工会提出《关于在全国范围内开展技术革新运动的建议书》，并提出九项共同奋斗目标。

中华全国总工会接受了这个建议，并经中共中央同意，作出在全国范围内开展技术革新运动的决定，技术革新运动在一些大城市和产业的职工中开展起来，掀起了学习技术、改进技术的热潮，涌现了一批具有代表性的革新能手，北京永定机械厂的青年工人倪志福，从 1953 年到 1956 年一直锐意从事钻头的改造及创新。他所创制的钻头具有高速、优质、长寿的特点。“倪志福钻头”在工业生产中的推广及应用，为国家创造了大量财富。倪志福认为，他创造的钻头是群众智慧的结晶，应该定名为“群钻”。

六十七　先进生产者运动

大规模群众性生产运动的开展，极大地激发了广大职工参加工业建设的热情，创造了一个又一个新的奇迹。1956年，群众性生产竞赛运动如火如荼，各地涌现了大批先进企业、先进班组以及先进生产者，很多职工运用自己的聪明才智，使国家的生产计划提前或超额完成。

为了表彰先进生产者、总结经验，以便进一步推动生产的发展，1956年2月，中华全国总工会通过了《关于开展先进生产者运动的决议》，对开展先进生产者运动的指导思想、原则及评定授予荣誉称号等问题提出了具体意见。

3月12日，中共中央发出《关于积极领导先进生产者运动的通知》(以下简称《通知》)。《通知》要求，全国一切工业、农业、交通运输等国民经济部门的工人、工程技术人员等都应该站在自己的工作岗位上，高度发挥积极性和创造性，把我国的经济建设更推进一步。都应该努力提高自己的业务水平和熟练程度，学习先进经验，使自己成为一个先进生产者或先进工作者。

为推动全国先进生产者运动的开展，全国 11 个产业工会协同各产业主管部门，分别召开了本产业系统的先进生产者代表会议，表彰了各产业的先进生产者和先进工作者，总结交流了各产业的先进经验。毛泽东等党和国家领导人在重工业和铁路两个系统分别召开先进生产者代表会，接见了参加会议的代表。

“一五”期间，各地各产业都认真总结、学习、推广先进经验，努力把先进生产者的经验变为广大职工所掌握的共同财富。各行各业总结推广的数以千计的先进经验，有力地促进了生产的发展，促进了企业管理水平和职工技术、业务水平的提高，有力地保证了国家计划的完成。如纺织系统，上海总结出的“保全工作法”，煤矿系统的“马六孩多孔道掘进循环作业法”，建筑系统的“谢万福木工流水作业法”，铁路系统的“孙孝菊调度法”“郭春林养路法”，公路系统推广的安全节油经验，机械系统的高速切削、多刀多刃切削以及翻砂铸造等先进经验，电力系统的“科学安全运行法”，等等。据不完全统计，全国各产业系统共总结推广 3370 多项先进经验，大大促进了技术、管理的改进和生产效率的提高，产生了巨大的经济效益。

为推动全国先进生产者运动的开展，中央决定召开全国先进生产者代表会议。1956 年 4 月 30 日，全国先进生产者代表会议在北京召开。毛泽东、刘少奇、朱德、陈云、邓小平等党和国家领导人出席了代表会议的开幕式。刘少奇代表中共中央在大会上作祝词，赖若愚作了《把先进生产者运动持久地开展下去》的报告。

全国先进生产者代表会议的召开，标志着先进生产者运动已经成为一个全国性的广泛的群众性运动，到 1956 年底，全国涌现出的先进集体单位达 11.4 万个，为 1954 年底的 5.4 倍；涌现出来先进生产者 125.9 万人，比新中国成立后 6 年劳动模范的总数还多 34.6 万人。先进生产者运动有力地推进了社会主义建设事业的迅速发展。

六十八 《鞍钢宪法》诞生记

《鞍钢宪法》是我国鞍山钢铁公司于20世纪60年代初总结出来的一套企业管理基本经验。

1958年，李立三等人亲自下工厂调查研究，提出干部参加生产，工人参加管理，干部、工人、技术人员三结合管理工业的思想。

1960年3月11日，中共鞍山市委向党中央作了《关于工业战线上的技术革新和技术革命运动开展情况的报告》，毛泽东在3月22日对该报告的批示中，高度评价了鞍钢的经验，提出了管理社会主义企业的原则，即开展技术革命，大搞群众运动，实行两参一改三结合，坚持政治挂帅，实行党委领导下的厂长负责制，并把这些原则称为《鞍钢宪法》，在全国范围内推广。

毛泽东主席在批示中这样说：

鞍山市委这个报告很好，使人越看越高兴，不觉得文字长，再长一点也愿意看，因为这个报告所提出来的问题有事实，有道理，很吸引人。鞍钢是全国第一个最大的企业，职工十多万，过去他们认为这个企业是现代化的了，用不着再有所谓技术革命，更反对大搞群众运动，反对两参一改三结合的方针，反对政治挂帅，只信任少数人冷冷清清地去干，许多人主张一长制，反对党委领导下的厂长负责制。他们认为《马钢宪法》（苏联一个大钢厂的一套权威性的办法）是神圣不可侵犯的……现在的这个报告，更加进步，不是《马钢宪法》那一套，而是创造了一个《鞍钢宪法》。《鞍钢宪法》在远东、在中国出现了……现在把这个报告转发你们，并请你们转发所属大企业和中等企业，转发一切大中城市的市委，当然也可以转发地委和城市，并且当作一个学习文件，让干部学习一遍，启发他们的脑筋，想一想自己的事情，在一九六〇年一个整年内，有领导地，一环接一环、一浪接一浪地实行伟大的马克思列宁主义的城乡经济技术革命运动。

《鞍钢宪法》的核心内容是：坚持政治挂帅，加强党的领导，大搞群众运动，实行两参一改三结合，大搞技术革新和技术革命。这五项原则，在全国工业企业中产生过很大影响，发挥过重要作用。对于《鞍钢宪法》，美国麻省理工学院一位管理学教授评价说：毛泽东的主义是“全面质量管理”和“团队合作”理论的精髓。而到了20世纪70年代，日本的丰田管理方式，日本全面的质量管理和团队精神实际上就是毛泽东所倡导充分发挥劳动者个人主观能动性、创造性的《鞍钢宪法》精神。

在《鞍钢宪法》诞生60年后的今天，我们重新关注《鞍钢宪法》，发现在半个多世纪之前，毛主席就看出鞍山钢铁公司党委坚持政治挂帅，实行工人、干部和技术人员三结合的改革具有划时代的意义，并把它命名为《鞍钢宪法》。毛主席把“两参一改三结合”的管理方法提到新的高度，可见他对鞍钢改革是极为重视的。今天，越来越多的人认识到《鞍钢宪法》是办好社会主义公有制企业、保障企业社会主义性质的根本大法，具有划时代的意义。

六十九 “倪钻”还是“群钻”

在新中国成立初期的职工技术革新运动中，涌现出了一批先进典型，当时的北京永定机械厂青年钳工、后来的全国总工会主席倪志福就是其中之一。

倪志福的成就在于创造和改进了一种具有高速、长寿、质量好等多种优点的先进钻头，被人们称为“倪志福钻头”。

倪志福1953年进入永定机械厂工作。在一次加工一种硬合金钢工件的时候，接连磨坏了好几支钻头。他拿起那些被磨坏的钻头反复琢磨，发现磨损都在刀刃的中部，于是想，要是把这一部分去掉，是不是轻巧一些？在经过几次刃磨试验后，他成功地完成了任务。在此基础上，他不断试验研究，终于研究出一种新型钻头，这种钻头和标准钻头不同，两面刀刃上有两个月牙形弯，一共有3个尖、7个刃，横刃只有普遍钻头三分之一长，使用起来轻巧省力，排屑方便、端正，具有多种优点。

新型钻头投入使用后，比标准钻头寿命长3倍到4倍，

⊙ 倪志福

效率高1倍左右。这种钻头可以加工钢件、铸铁件和有色金属件，可以钻直径5毫米到50毫米以上的孔，加工钢件和大孔优越性最显著。在北京市，许多机械厂的钻工都采用了“倪志福钻头”，长辛店机车车辆工厂20多台钻床使用之后，效率提高1倍到2倍。北京市技协专门组织了一期训练班，学员来自长辛店机车厂、北京汽车制造厂等17个单位，参加学习的21名工人在倪志福的亲自辅导下，全部掌握了使用技术。

这种钻头不仅在国内广受欢迎，还成功地推广到了苏联。据塔斯社消息，苏联哈尔科夫市马利歇夫工厂和运输机器制造厂工人采用了“倪志福钻头”，钻孔速度加快了1.5倍。

随着这种新型钻头大量应用，人们把它命名为“倪志福钻头”。这种命名主要是参考了当时苏联工具的名称，如“乌兰诺夫车刀”“席洛夫钻头”和“列昂诺夫铣刀”等。但倪志福是一个虚心的人，他向组织建议，将这一钻头称为“群钻”——寓意群众参与的成果。

倪志福不愿意独自揽功，因为在这种钻头的研制过程中，他参考了上海、湘潭一些企业先进钻头的优点，对原有的钻头做了进一步的改进。永定机械厂还成立了一个由工人、干部和技术人员参加的“三结合小组”，在六级钳工于树森、工程师范国宝等人的帮助下，不断改进，越来越成熟。自 1953 年起，倪志福和研究小组经过 10 余年总结改进，对“群钻”进行过多次修改，几何参数逐步优化，形成了 56 型、58 型、58A 型、64 型、67 型“群钻”。67 型是经过多次演进而后定型的“群钻”基本钻型。

不论是叫“倪钻”或“群钻”，回顾其创新与发展的历程，我们可以看到中国工人无私奉献的精神，为后来的社会主义事业建设者和改革开放带来有益的启示。

七十 “一厘钱”精神应犹在

“我在马路边，捡到一分钱……”这是20世纪六七十年代表扬拾金不昧的一首儿童歌曲。现在，你捡不到了——分币已不知何时退出了流通。

但在20世纪60年代，一分钱确实可以买到不少东西，而且更小币值的一厘钱，还可以登上《人民日报》的头版。

1963年4月9日，中华全国总工会发出通知，要求组织职工学习《人民日报》通讯和社论，贯彻“一厘钱”精神，深入开展增产节约运动。1963年3月24日，《人民日报》发表了一篇关于北京几个工厂开展增产节约活动的通讯——《“一厘钱”精神》，同时发表了《一本大账》的社论。

《“一厘钱”精神》这篇通讯，写的是北京市几家工厂，或者为了节省一厘钱，或者为了利用一分钟，或者为了减少一根火柴废支，所做的种种努力和体现出来的崇高精神。

北京墨水厂的产品“北京墨水”，包装费用比制造墨水的费用高三倍。为了当好墨水厂这个家，厂长李健刚提出一个口号：每件包装材料降低一厘钱。为了降低包装材料的成本，厂里的工人们开动脑筋，在瓶盖、包装纸盒、纸垫等方面下功夫。墨水瓶盖是由北京、太原和淮阴等地的11个工厂加工的，管瓶盖的供应人员，把11个制造瓶盖厂的代表请来，将11个厂造的瓶盖摆出来，把天津造、上海造、美国造、德国造的墨水瓶盖也摆出来，同各厂代表一起，比质量、称重量、算成本、评美观。他们把11个厂瓶盖的17项费用指标排成队，逐项比较，精密计算，彼此取长补短。促使厂家把瓶盖的成本降低了，全厂购买每个瓶盖就少花了四厘多钱。就在这小小的瓶盖上，节约了10万元。"一厘钱"精神，也在有关工厂发生了连锁反应。北京市制药二厂，普通工人用社会主义的劳动热情，想方设法节约"一分钟"。北京火柴厂职工努力提高产品质量，减少废支。

《人民日报》社论中说，一厘钱、一分钟、一根火柴，孤立地看，确实是很小的数目。可是，小和大本来就是对立的统一，在一定的条件下，小是可以转化为大的。一个人、一件产品、一个企业，节省一厘钱，是一个小数目，普及所有的人、所有的产品、所有的企业，就成了很大的数目。毛泽东同志在《我们的经济政策》一文中就指出："节省每一个铜板为着战争和革命事业，为着我们的经济建设，是我们的会计制度的原则。"节省"一厘钱"的精神，同节省一个铜板的精神是一脉相承的。

因此，中华全国总工会要求各级工会组织，广泛地组织职工学习这篇通讯和社论，把“一厘钱”的精神贯彻到每一个职工的行动中去，更深入地全面地展开增产节约运动。

半个世纪过去了，“一厘钱”作为币值已经走进历史，但从中体现的勤俭节约精神和工人阶级主人翁意识却从未过时，至今激励着我们办好一切事业。

七十一 “不对工人说瞎话”

1978年10月11日至21日，中国工会第九次全国代表大会在北京召开。大会的根本任务是：进一步动员全国工人阶级，为实现新时期的总任务，建设社会主义现代化强国而奋斗。大会的具体任务是：讨论八届执委会议提出的工作报告，总结工人运动的经验；讨论和确定新时期工人运动的任务和工会工作的方针；修改中国工会章程；选举新一届领导机构。

此时，历史性的十一届三中全会尚在酝酿之际，中国工会第九次全国代表大会先期举行。邓小平同志代表中共中央和国务院向大会致祝词，充分肯定了新中国成立以来我国工人运动和工会工作取得的成绩，高度赞扬中国工人阶级“不愧是久经考验的立场坚定的革命领导阶级”。从而彻底否定了“四人帮”炮制的“工运领域黑线统治”的谬论，为新中国成立后17年的工人运动和工会恢复了名誉，给广大工会干部和劳动模范平了反。

祝词对工人阶级和工会组织提出了迎接全面改革，加快实现社会主义四个现代化的号召。邓小平同志深刻指出，实现社会主义四个现代化，是一场根本改变中国经济和技术落后面貌的伟大革命，这场革命必然要多方面地改变生产关系，改变上层建筑，改变国家对许多方面的管理方式，使之适应于现代化经济的需要。“因此，各个经济战线不仅需要进行技术上的重大改革，而且需要进行制度上、组织上的重大改革。”这是粉碎“四人帮”两年后，党中央首次就“改革”所发出的公开信号。

某种意义上，邓小平同志在中国工会九大的祝词堪称改革开放的先声，而中国工人阶级和工会组织由此即与改革开放紧密联系在一起。以工会九大为起点，中国工会始终迈着改革的步伐，坚定地行进在中国特色社会主义道路上。

在祝词中，邓小平同志以掷地有声的语言，对工会组织提出明确要求：

> 无论要做好哪一项工作，工会组织都必须密切联系群众，使广大工人都感到工会确实是工人自己的组织，是工人信得过的、能替工人说话和办事的组织，是不会对工人说瞎话、拿工人的会费做官当老爷、替少数人谋私利的组织。工会要为工人的民主权利奋斗，反对形形

色色的官僚主义，它本身就必须是民主的模范。

邓小平同志的致辞，在深刻总结新中国成立以来中国工人运动和工会工作历史经验的基础上，正确阐明了新时期中国工人运动和工会工作发展的客观规律和前进方向，是指导新时期中国工人运动和工会工作的纲领性文件。

工会九大闭幕后不久，中国共产党于 1978 年 12 月召开了具有历史意义的十一届三中全会，实现了我党历史上又一次具有深远意义的伟大转折。各级工会贯彻十一届三中全会精神，团结动员广大职工积极开展为四化立功的运动，极大地焕发了投身社会主义现代化建设和改革开放的热情。

七十二 《于无声处》见证历史

1978年是一个极不平凡的年份：5月，《光明日报》发表《实践是检验真理的唯一标准》文章，在全国掀起真理标准问题的大讨论，并迅速成为一场思想解放运动；11月，话剧《于无声处》在京首演，表达了对解放思想、冲破禁锢的强烈愿望，引发全社会共鸣，加速了拨乱反正的进程；12月，十一届三中全会作出把党和国家的工作重心转移到经济建设上来、实行改革开放的伟大决策。

《于无声处》以1976年的天安门事件为背景，通过传播诗抄反对“四人帮”等情节，反映了两个家庭、两代六个人的不同命运，歌颂人民群众反抗斗争。

编剧宗福先是一位工人、工会干部。1968年他从上海延安大学毕业，进入上海热处理厂当工人 。在创作《于无声处》后，调入市工人文化宫担任文艺科干事。1981年与贺国甫合著话剧《血，总是热的》，成为知名工人剧作家。

“写这个剧本，是需要勇气的。”宗福先说，剧本有了，能不能排出来，他也没有底。当导演苏乐慈看了剧本后，立即下决心马上要把这个剧本排出来。参演的演员都是普通工人，排练也是相当投入，每天下班后往返几十公里到工人文化宫来排练。

⊙ 宗福先

1978 年 9 月 23 日，上海工人文化宫业余话剧队终于将《于无声处》搬上舞台。让宗福先想象不到的是，报纸对话剧好评如潮，《文汇报》破天荒地刊登了《于无声处》的剧本。剧团随后接到了进京公演的指令。

11 月的北京，已经有了冬日的萧瑟和寒意，但在虎坊桥工人俱乐部剧场里，充满了希望和喜悦。

《于无声处》不仅在上海演、在北京演，而且走向了全国。《于无声处》的发声也如惊雷，连同《实践是检验真理的唯一标准》，构成了中国改革开放的先声。

一场政治运动触发了一出话剧的诞生，而这出话剧又成为另一场政治变革的前奏，《于无声处》见证了中国一场伟大的历史转折。这部话剧获得文化部、中华全国总工会特别嘉奖。

2008 年，为纪念中国改革开放 30 周年，上海话剧艺术中心复排了这部话剧力作。2018 年 10 月 27 日，《于无声处》再度回归舞台，向改革开放 40 周年致敬。

七十三　邓颖超谈“学生减负”

学生减负在今天是一个热门话题，但并不是一个新话题，早在改革开放之初的1979年，邓颖超同志在接见全国教育工会工作会议代表时的讲话中就提到了这个问题。

讲话大意摘要如下：

同志们！我今天来参加这个会议很高兴。首先向你们表示热烈的祝贺。今天好几位同志下命令要我讲话，对我出了临时考试题目。我不是向同志们讲话，是向同志们学习，考卷打多少分，由你们去评定。

刚才方毅同志讲了教育工作的重要性。我现在要讲教育工会这个组织的重要性。你们服务的对象是千万教工，这一千万人教育的学生是二亿一千万。这是多么大的数目呀！教育工会为这么大的数量的人服务，我觉得教育工会本身就有非常重要的意义。

首先，教育工会也要抓质量问题。怎么抓质量呢？

我们要求教师实事求是地对待学生。为了提高质量，要求学生功课好，这是应该的，但超过了学生负担就不好。我碰到的学生不多，以小学讲，放学回家，吃了晚饭连续做作业，到睡觉时还做不完。我身旁一个小学生，天天功课很重，他怎么说呢？“唉！对付对付吧！对付着活下去吧！”听了很惊人。对学生的健康要注意，教育学生德、智、体要同时并重，功课好了，身体不好有什么用呀！

我们的教育工作者应是辛勤的园丁，像园丁一样付出辛勤的劳动。方毅同志说我过去搞过教育工作，这是多年前的事了，我做过娃娃头子。我对自己学生从不处罚，用方法吸引学生听课、守秩序。

整个经济发展要人才，人才哪里来？从教育出，教育工会是为出人才这个广阔战线服务的，你们的工作是有意义的。我们自己要先受教育，先做学生，然后做先生，为广大教师服务。

现在有的教师不管学生健康如何，拼命叫学生做功课，有些题目连我都答不上来。举例子，老师要学生写一篇“周恩来怎样团结同志”，孩子问妈妈，妈妈找了半天找不着，来问我，我讲我不知道，要求学生水平过高了，不实事求是。教职员要为孩子着想，为国家着想，为我们民族后代着想，德、智、体首先要有体，有了体才能有智，有了智才能有德，德智体是这么排的。要有健康身体，否则不能发挥聪明才智。

教育质量是教师的责任，教育工会要抓好这方面工作，密切联系群众，深入到他们中去，了解他们的问题，在可能范围内帮助他们解决。教育质量的提高，重点是教师政治思想问题、教学方法问题。对孩子们学习不能只求五分，要注意健康，还要注意德育方面，从这方面做工作。摆在同志们面前的是光荣艰巨的工作，你们是做塑造人的工作，要有不疲倦的工作精神，坚韧的工作精神，克服困难的精神。

40年后重读这篇讲话，仍能感到一股诲人不倦、循循善诱的清新之气。

七十四　习仲勋表扬《分忧》

20 世纪 80 年代，天津市第二电子仪器厂工会干事李景城创作了一部四幕话剧《分忧》，以泼辣的笔锋揭示了现实生活中广大群众关心的住房问题。话剧通过塑造鲜活的工会干部、工人形象，表达了工人群众为党分忧、为国分忧、为民分忧的主题，批评了分忧的对立面——“分油”思想。演出之后受到观众的热烈欢迎，并获得天津市 1981 年职工文艺会演剧目一等奖。

1981 年 12 月 11 日，《分忧》进京演出，习仲勋同志在演出前后，同编导和演员进行了亲切座谈，发表了非常朴实的谈话。

习仲勋同志首先对剧组提出表扬：今晚看了你们一场很好的戏，非常高兴。你们不要以为你们不是专业文艺工作者，你们工人自己的事情，自编自演，我看不比专业剧团的差，某些方面可能还要好过他们。专业剧团演工人的戏，演员还要到工厂里去体验生活，不然就演不像、演不好。这一点你们比他们强，生活熟悉，体会深刻，演得真实，效果更好。当然专业剧团也有它自己的优势，是你们比不了的。

习仲勋同志指出：首先这个剧编得好，主题思想好，内容好，情节好，形式也好，语言朴实生动，生活气息浓厚；其次是演员演得好。你们这个戏明确表达了这样一个主题，就是要为党分忧、为国分忧、为民分忧，同时批评了分忧的对立面——“分油”思想，这在目前来说，是很有现实教育意义的。工人是国家的主人、企业的主人。工人不仅是为国家分忧，也是在解决自己的问题。帮助国家解决困难，也是解决工人自己的困难。现在我们就是要提倡这种主人翁的责任感。

习仲勋同志指出：工人阶级不但要为建设社会主义的物质文明作出贡献，也要为建设社会主义的精神文明作出贡献。你们戏里有个金局长，还有个工会主席廉义明、工人郝伯虎，这几个都是正面人物，现在就是这样的人太少了。任何一个企业，领导班子好、管理好，生产就好。我在工厂当过一年副厂长，对工厂的事多少知道一些。20 世纪 50 年代到 60 年代前期，工厂讲究文明生产，生产秩序很好，文化生活也很活跃。这次你们也算起了个带头作用，既生产又演戏，能文能武，既教育了工人，教育了广大群众，你们自己也得到了提高。你们通过演戏教育本厂工人，帮助领导解决矛盾，推动了生产。实际上，你们是既抓了物质文明，又抓了精神文明。

习仲勋同志最后提出希望：职工业余演出，这个形式好，不占编制。像你们这样，工人演工人自己的事，既不占编制，花钱又少，服装、布景都很简单，又符合实际情况，这很好嘛！我们就是要有像你们这样一支工人队伍。没有这样一支队伍，四化建设搞不起来。我们要搞四化建设，没有一支政治上高度觉悟的、有文化的、有技术的队伍是不行的。当然，建设这样一支队伍，要做很艰苦的工作，只有我们把方向掌握住，才可以搞好。

七十五　“振兴中华”职工读书

“为中华之崛起而读书”是周恩来总理在少年时代立下的宏伟志向。他说这话时，正是辛亥革命时期。

在周恩来总理发出这样的宏愿 70 年后，中国大地上再次掀起一场声势浩大的“振兴中华”职工读书活动。

“振兴中华”是孙中山在建立兴中会时提出的挽救国家危亡的口号，五四运动时期被再度叫响。20 世纪 80 年代，正是改革开放初期，在高校中，学生们再次喊出“团结起来，振兴中华”，成为时代强音。

1982 年，首先在上海等地发起了“振兴中华”读书活动，这是由上海市总工会会同有关单位共同组织的。开始时以学“三史”(中国近代史、社会发展史、中国革命史)，接受爱国主义教育为主要内容，进而发展成为学政治、学经济、学科学、学技术、学文化等多学科内容广泛的求知活动。上海市总工会和各基层工会，紧紧扣住“振兴中华”这一主题，采用多种形式，吸引职工自觉读书。全市的读书

⊙ 位于宝山路宝山里 2 号（今宝山路 403 弄 2 号）的上海市总工会旧址

辅导活动多达几十种，形式多样，不拘一格。市总工会同团市委联合组织了“振兴中华职工演讲团”下基层巡回演讲。演讲以“振兴中华”为主题，抓住青年的思想脉搏，以激励青年的进取心。他们不回避青年职工提出的各种现实问题，也不唱高调，而是用深入浅出的道理，用演讲人员的亲身经历、现身说法，激起青年们为中华腾飞贡献力量的强烈愿望。演讲团组建后仅仅一个多月，就演讲了 100 多场，听众达 10 多万人次，反映十分强烈。上海的这一经验，引起中华全国总工会和有关部门的高度重视。1983 年 4 月，中华全国总工会在上海召开职工读书活动经验交流会，推广了上海等地开展职工读书活动的经验。会议认为，上海市有 20 万职工参加的“振兴中华”读书活动和其他省市的读书活动，对广大职工增长知识、提高觉悟、陶冶情操、树立新风、促进生产都起了很好的作用。会议要求，各级工会要在党的领导下，把职工读书活动作为重要任务认真抓起来。中华全国总工会为此做出《关于在全国职工中开展读书活动的决定》，并向全国工会系统发出通知，推动“振兴中华”职工读书活动在全国范围内开展。到1984年上半年，全国已成立读书小组80多万个，参加读书活动的职工达1100万人，职工读书活动取得明显成效。

现在上了年纪的人，大抵都记得当年“振兴中华”读书活动的盛况：1983年10月24日，《北京日报》举办了一次“振兴中华”读书竞赛知识测验，刊有测验试题的报纸立刻销售一空。《北京日报》不得不连续三次增印，共发行了80多万份。在短短17天的答题时间里，《北京日报》共收到答卷近20万份。“振兴中华”读书活动掀起了更广泛的学习热潮。仅北京一地，截至1984年5月共有45万人参加各种形式的读书活动，读书小组达4万个，有6万多人在各种场合进行读书心得演讲。广泛、深入的读书活动，提高了广大职工的思想政治和科学文化素质，促进了各单位的风气和社会风气的好转，推动了各项改革的健康发展。

七十六 向步鑫生维权

浙江海盐衬衫总厂厂长步鑫生，是20世纪80年代名噪一时的企业家，与同时期的张兴让、马胜利等企业家一道，成为耀眼的企业“改革明星”。

但与此同时，步鑫生也是一位作风粗暴的企业管理者。在厂里，他对职工任意处罚。1983年7月，他因不满意工会主席冯织娟的工作，便自作主张改组工会，决定由原工会副主席赵荣华担任工会主席，并在冯织娟、赵荣华均未到会的情况下通过了这一决定。

谁知他指定的工会主席赵荣华，也对这一做法表示不同意见，并表明不愿担任工会主席。步鑫生认为其不识抬举，怀恨在心，宣布撤销赵荣华的一切职务，开除公职，并将赵荣华的妻子借故辞退。

事发后，冯织娟、赵荣华先后向上级工会和主管部门反映申述。县总工会派人调查了解后，指出步鑫生擅自改组厂工会，违反了组织原则，应予纠正。并提出三点建议：一是厂长与工会主席有矛盾应通过交换意见解决；二是由县二轻局出面召开会议宣布纠正；三是建议到期改选工会委员会。步鑫生则当即提出：意见不交换，会议不参加，以示拒不接受。

步鑫生在厂里漠视职工权益，规定“一般病假不能享受劳保待遇，只发给一定的生活补贴”。对此，干部群众反响很大。步鑫生把正当的职工福利待遇当成“大锅饭”，擅自改变劳保条例规定，取消了病假工资和疾病救济费。他规定：医生给生病职工开的病假，一律由他审批，否则按照旷工处理。他还对有病的职工态度恶劣、蛮横无理。女工柏红英患急性阑尾炎，手术后医生开病假半月。步鑫生说：“盲肠炎开刀不是病，休息三天就够了。”他还自订“土办法”，改变女职工怀孕、生育的劳保待遇，规定怀孕保胎期间的工资及医药费自理。对怀孕女职工说：“你要保胎，我要保产。”步鑫生这些粗暴做法，严重影响了孕妇和胎儿身心健康。在 1982 年 22 个怀孕女工中，有 10 个先兆流产和自然流产，占 45% 多。有些女工说：“在我们厂里工作，最好是断子绝孙，上要无老，下要无小。”

海盐县委对此问题十分重视，曾多次责成步鑫生改正错误，恢复赵荣华及其妻子的工作，并要步鑫生作出自我批评。但步鑫生自恃“改革家”光环在身，仍顶着不办。

鉴于步鑫生严重侵害了职工的合法权益，浙江省总工会旗帜鲜明地为职工和工会干部维权。在《浙江工人报》发表相关报道后，省总工会向省委反映了步鑫生在企业管理中存在的问题。浙江省委为此召开办公会议指出，步鑫生同志擅自改组厂工会是错误的，要求海盐县委加强对海盐衬衫总厂的领导，选调得力的党员干部，充实该厂党支部的力量，以加强党的领导和思想政治工作。

在工会组织的据理力争和省委的过问指导下，中共海盐县委办公室、海盐县人民政府作出决定，纠正了海盐衬衫总厂企业管理中的错误做法，恢复了赵荣华同志集体职工编制，工龄连续计算，由县二轻局办理恢复手续。

七十七　教师到全总，就是回老家

教师节的设立，来源于全国教育工会的一条建议。

在新中国成立后一段时间内，教师节沿用 20 世纪 30 年代“双六节”——6 月 6 日。后来与“五一”劳动节合并，因没有教师特色，趋于消失。

1982 年 4 月，教育部党组和全国教育工会分党组联合签发“关于恢复‘教师节’的请示报告”送中央书记处。1983 年 3 月全国政协六届一次会议上，教育工会副主席方明和民进 18 位政协委员联名再次提出“为提高教师的社会地位，造成尊师重教的社会风尚，建议恢复教师节案”。1984 年 12 月，教育部党组和全国教育工会分党组“关于建立‘教师节’的报告”送中央书记处并报国务院。1985 年 1 月，全国人大常委会通过了这一议案，确定每年的 9 月 10 日为教师节。

早在 1980 年春节前夕，教育工会就在北京召开了一次科学和教育工作者春节茶话会。这是教育工会恢复以后的第一次公开活动。

茶话会在中华全国总工会八楼礼堂举行，会议邀请了战斗在首都教育和科学第一线并做出卓越成绩的大学校长、教授、研究员、工人、实验员，还有特级教师、模范教师、模范班主任、模范教育工作者，以及优秀的工会积极分子150多人参加。有关文件显示：茶点招待的标准，每人一元五角。

国务院副总理方毅、陈慕华、王任重，中华全国总工会主席倪志福等领导出席了茶话会。全总副主席朱学范代表中华全国总工会向参加茶话会的同志们祝贺新春佳节，他恳切地说，教育和科学工作者是脑力劳动者，是工人阶级的一部分。过去，林彪、“四人帮”把“资产阶级知识分子”“臭老九”的帽子强加在教育和科学工作者头上，硬是把他们同工人阶级拆开，并且对立起来。教育和科学工作者到中华全国总工会来，就是回到工人阶级队伍中来，就是回老家。

朱学范说，教育和科学工作者肩负着党和人民的殷切期望，承担着十分光荣而艰巨的职责。在实现四个现代化建设的新长征中，我们不仅要有许许多多从事炼钢、采矿、造机器、开火车等的劳动英雄和模范，而且必不可少地要有许许多多从事教学和科研工作的英雄和模范，希望大家鼓足干劲，充分发挥聪明才智，以更优异的成绩来迎接全国劳模大会的召开，迎接我们社会主义建设光辉灿烂、百花争艳的春天。

朱学范指出，教育工会是教育工作者和科学工作者自己的最广泛的阶级组织。教育工会恢复了，它应该在党的领导下，围绕社会主义现代化建设这个中心，依靠广大群众，积极开展各项工作，使自己真正成为党联系群众的纽带，发扬民主的模范，为切实贯彻党的政策而奋斗，要从政治上、思想上、业务上、生活上了解、关心和帮助群众，成为广大会员的知心朋友和勤勤恳恳的服务员。我们也希望广大教育和科学工作者爱护和帮助自己的工会组织，使它在新长征中更好地发挥作用。

这一番话，让教师从心底感受到了“家”的温暖。

七十八　为中国机械冶金工会“请功”

1986 年 9 月 20 日，沈阳蓄电池厂、沈阳蓄电池厂工会特地给中华全国总工会书记处写了一份报告，专门为中国机械冶金工会“请功”。

请功的理由是：

——开拓进取。组建蓄电池行业工会工作协作组，使全行业职工受益。1984 年初，在中国机械冶金工会的组织和关怀下，新中国成立以来处于从未建立联系关系的蓄电池行业间工会终于组织起来，成立了全国蓄电池行业工会工作协作组，改变了蓄电池厂家工会替职工说话单枪匹马、力微无补的现象。

——工作深入。全国蓄电池行业工会工作协作组成立两年多来，机械冶金工会全委的同志把解决蓄电池行业职工劳动环境恶劣、职业病严重问题作为己任，不辞劳苦，专程到沈阳进行指导，有时带病深入工厂进行指导。

——企业起死回生。该厂过去的利润留成仅为 12.06%，在中国机械冶金工会的关怀和呼吁下，除上缴国家所得税55%以外，其余全部留给企业。职工的保健增加了，铅作业职工有了岗位津贴，职工住房不同程度地得到改善。

报告中还提到：中国机械冶金工会带头做到了干部要成为“职工之友”，要把工会办成“职工之家”，这对于蓄电池行业、对于沈阳蓄电池厂来说，可以说得上是劳苦功高。我们是感激不尽的，对这样的上级机关，群众是信赖的，参加四化建设的积极性大大提高。

为此，为其呈报请功。

这次请功的结果，我们不得而知。但是，我们看到了一份机械冶金工会在1985年12月10日给中华全国总工会党组、机械工业部党组、劳动人事部党组的报告，反映了蓄电池行业职业病情况和建议，从一个侧面证明其请功不无道理。

报告称：今年，我们组织了蓄电池行业10个厂的工会干部和工业卫生大夫，对该行业的铅危害现状进行了调查。结果表明，蓄电池行业铅危害依然十分严重。不仅损害了职工及其子女的身体健康，还影响了蓄电池生产的发展，应该引起高度重视。报告指出：作业场所空气中铅浓度普遍超标。对职工职业病发病率调查中发现，10个厂中累计铅中毒四五次的职工很普遍，对职工后代影响严重。恶劣的劳动环境，损害了职工及其子女的身体健康，也挫伤了他们的工作热情，威胁着蓄电池行业的发展。

为此他们建议：一是在经费方面，给蓄电池行业以特殊政策，在技术方面，给予指导和支援，加速企业的技术改造。二是制定相应的法规，限制女工在高暴露铅作业岗位上工作。三是工厂应配备专职劳动卫生大夫，有条件的要设立劳动卫生职业病防治机构。四是在蓄电池行业，直接接触铅作业的职工应该建立每年脱产 1 至 2 个月的休养制度。五是由机械部拨款或各厂集资，建立蓄电池行业工人疗养院。

报告和建议被吸收采纳之后，对于保护行业职工健康起到了重大促进作用。

七十九　永不熄灭的“一团火”

北京王府井百货大楼前，立着他的铜像。大楼内部，还有一个以他的名字命名的纪念日。

他的工作场面，曾被北京市民誉为“燕京第九景”。为了看他售货“表演”，热情的市民曾将柜台玻璃挤破。

他的职业很普通，是北京王府井百货大楼糖果柜台的一名售货员。

他的精神很著名，陈云为其题词：“一团火”精神光耀神州。江泽民给他题词：发扬一团火精神，全心全意为人民服务。

他就是全国著名劳动模范张秉贵。

用现在的话说，他就是那个年代的“营销大师”。

张秉贵于 1918 年出生于北京，17 岁到北京一家杂货店当学徒。20 世纪 50 年代初，新中国百废待兴，北京百货大楼招聘营业员，他当上了“新中国第一店”的售货员。

北京百货大楼当时是全国最大的商业中心，客流量大，加之物资相对匮乏，顾客通常要排长队。张秉贵便下决心苦练售货技术和心算法，练就了令人称奇的“一抓准”“一口清”技艺。所谓“一抓准”，就是指一把就能抓准分量；“一口清”则是非常神奇的算账速度，他能一边称糖一边心算，经常是顾客要买多少的话音刚落，他就同时报出了应付的钱数。后来他又发明了“接一问二联系三”的工作方法，即在接待一个顾客时，便问第二个顾客买什么，同时和第三个顾客打好招呼，做好准备。他在问、拿、称、包、算、收6个环节上不断摸索，接待一个顾客的时间从三四分钟减为一分钟。

他把自己的经验总结为“五个劲”“十个字”。“五个劲”：站柜台的精神劲、服务态度的热情劲、售货中的迅速劲、始终如一的持久劲、坚持不懈的虚心学习劲。“十个字”：主动、热情、诚恳、耐心、周到。许多外地顾客慕名而来，就是为了目睹他那令人

⊙ 张秉贵在工作

称奇的技艺和“一团火”的服务精神。有一位拄着拐杖的老人，经常来欣赏他售货。这位老人说：“我是个病人，每天来看看您站柜台的精神劲儿，为人民服务的热情劲儿，我的病也仿佛好了许多。”一位音乐家看他售货后说：“你的动作优美，富有节奏感，如果配上音乐，是非常动人的旋律。”

张秉贵把为人民服务的信念与本职工作密切联系起来，他说：“我们财贸战线的站柜台一不出钢、二不出粮、三不出石油，可是得出好的服务态度，让顾客用最短的时间买到最可心的东西。”他对自己有个要求，进入柜台以后，就要像解放军战士进入战斗岗位一样，要做到全神贯注、满腔热情地接待每个顾客；要做到从早到晚一股劲儿。他接待顾客就像对待自己的亲人一样，通过“一团火”精神为人民服务，让顾客一进商店就感觉到热乎乎的。

在百货大楼的30多年，张秉贵腰板挺直地站三尺柜台，接待了几百万顾客。张秉贵用自己心中的“一团火”，温暖着每一个顾客的心。

八十　不老的“老英雄”孟泰

孟泰，原名孟瑞祥，曾用名孟宪钢，是新中国成立后第一代全国著名劳动模范。

他爱厂如家、艰苦创业，在恢复和发展鞍钢生产中作出了重大贡献，成为20世纪五六十年代誉满全国的钢铁战线的“老英雄”。

1948年底，东北全境解放，孟泰调回鞍钢。孟泰回到炼铁厂修理场后，把日伪时期遗留下来的几个废铁堆翻了个遍，回收各种管件4000多件，并用玻璃粉除垢，修复成能用的管件，建成了当时著名的“孟泰仓库”。在修复炼铁厂2号高炉期间，所用的冷却水管、风管、气管等设备都不是从材料科领来的，工人用材料时都说：“到孟泰仓库去取！”

在孟泰的带动影响下，全国职工群众开展了清仓查库和献纳器材运动。据统计，从1950年3月至6月底，全国共清理出机器20110部、钢铁19.6万吨、汽车7961台、电动机 5825 部。清仓查库和献纳器材运动不仅缓解了工厂在恢复生产过程中原料、燃料紧缺的问题，同时也提高了广大职工群众的主人翁觉悟。

⊙ 孟泰

1949 年 7 月 9 日，鞍钢举行盛大开工典礼。会上，表彰了在护厂、抢运、献交器材中涌现出的先进人物，孟泰等 9 人被授予特等功臣。同年 8 月 1 日，孟泰光荣加入中国共产党，成为鞍山解放后第一批发展的产业工人党员之一。

1950 年 9 月 25 日，孟泰光荣出席全国工农兵劳动模范代表大会，受到毛主席亲切接见。1953 年 5 月，在中国工会第七次代表大会上，孟泰当选为中华全国总工会执行委员。同年 9 月，当选为第一届全国人民代表大会代表。

1950 年 8 月中旬的一天，4 号高炉炉皮烧穿，铁水与顺炉皮而下的冷水相遇产生爆炸。孟泰将生死置之度外，冲上炉台抢险，采取一系列处理措施，避免了一场炉毁人亡的事故。这年初冬的一个晚上，高炉水门被堵，孟泰踹碎水道表面冰层，跳入其中，俯身抠除堵塞的杂物，使高炉循环水线恢复畅通。经历十几次抢险之后，铁厂工人敬佩地称呼孟泰为“老英雄”。

1959 年，鞍钢在孟泰、王崇伦的倡议和带动下，形成了一支以各级先进模范人物为骨干的 1500 多人的技术革新队伍。1960 年初，苏联政府撕毁合同，致使鞍钢面临着停产的威胁。孟泰、王崇伦迅速动员和组织了 500 多名技协积极分子开展了从炼铁、炼钢到铸钢的一条龙厂际协作联合技术攻关，先后解决了十几项技术难题，终于自制成功大型轧辊，填补了我国冶金史上的空白。此项重大技术攻关的告捷，在当时的全国冶金战线轰动一时，被誉为“鞍钢谱写的一曲自力更生的凯歌”。

孟泰去世后，鞍钢工会与鞍山市立山区政府共同为孟泰同志在立山公园建造了全身塑像，并将立山公园更名为孟泰公园。王鹤寿亲笔题写了孟泰公园的匾额。孟泰塑像的基座上镌刻着时任中共中央总书记胡耀邦的题词：孟泰精神永放光芒。

2019 年 9 月，孟泰被授予“最美奋斗者”称号。

八十一　三代“铁人”战大庆

提到大庆，人们第一个想到的就是“铁人”王进喜。

王进喜，1923 年 10 月 8 日出生于甘肃玉门一个贫苦的农民家庭。1949 年 9 月 25 日玉门解放，王进喜通过考试成为新中国第一代钻井工人。他带领“贝乌 5 队”在石油工业部组织的以“优质快速钻井”为中心的劳动竞赛中，提出了“月上千，年上万，祁连山上立标杆”的口号，创出了月进尺 5009.3 米的全国钻井最高纪录。

1959 年 9 月，王进喜被选为新中国成立 10 周年国庆观礼代表和全国工交群英会代表。在休会期间参观首都十大建筑时，他看到行驶的公共汽车上背着“煤气包”，才知道国家缺油，他感到一种莫大的耻辱。这个“煤气包”成为他为国分忧、为民族争气的思想动力之源。

1960 年 2 月，东北松辽石油大会战打响。王进喜带领 1205 钻井队到达萨尔图车站，他带领全队工人用撬杠撬、滚杠滚、大绳拉的办法，“人拉肩扛”把钻机卸下来运往井场，仅用4天时间，把40米高的井架竖立在茫茫荒原上，并创下5天零4小时打一口中深井，年进尺10万米的世界钻井纪录。

⊙ 王进喜

1960年4月，1205钻井队打第二口井时，突然发生井喷，当时没有压井用的重晶石粉，王进喜决定用水泥代替；没有搅拌机，他不顾腿伤，带头跳进水泥浆池里用身体搅拌，经全队工人奋战，终于制服井喷，他因此被称为“铁人”。1960年“五一”万人誓师大会上，王进喜成为大会战的一面旗帜。

1965年，《工人日报》副总编李冀经过深入采访，写出并发表了长篇通讯《工人阶级的光辉形象——王铁人》，王铁人的光辉事迹从此传遍全国。

王进喜的事迹，展现了大庆石油工人的气概，为我国石油工业的发展作出了重要贡献，成为中国工业战线的一面旗帜。他留下的“大庆精神”“铁人精神”，成为我国社会主义建设事业的宝贵财富。

王进喜于1970年11月15日因病去世。但是，“铁人精神”却在大庆传承不息，从未远去。到 20 世纪 80 年代，又出现了一位“新时期铁人”王启民。

王启民，大庆油田勘探开发研究院院长、教授级高级工程师。20 世纪 60 年代，他提出的“高效注水开采方法”，打破了当时国内外普遍采用的“温和注水”开采方式，开创出中低含水阶段油田稳产的新路子。20 世纪 70 年代，他主持进行的“分层开采、接替稳产”开发试验，使水驱采收率提高了 10% 至 15%。20 世纪 90 年代，他组织实施的“大庆油田高含水期稳油控水系统工程”结构调整技术，创立了油田高含水后期“控液稳产”的新模式。王启民的辛勤工作，为大庆油田创造了巨大的经济效益，仅“表外储层”开发研究成果，就相当于为大庆增加了一个地质储量 7.4 亿吨的大油田，价值 2000 多亿元。

⊙ 王启民

王启民发扬“有条件要上，没有条件创造条件也要上”的“铁人”精神，为大庆高产稳产作出了巨大贡献，被中国石油天然气总公司党组授予“新时期铁人”荣誉称号。2019 年 9 月 17 日，国家主席习近平签署主席令，授予王启民“人民楷模”国家荣誉称号。

2011 年，在纪念中国共产党成立 90 周年之际，中国石油天然气集团公司党组决定，开展向大庆第三代铁人李新民同志学习的活动，号召全体石油人学习他牢记使命、奉献石油的爱国情怀；扎根一线、艰苦奋斗的敬业精神；勤于钻研、科学管理的务实态度；不畏艰难、勇争一流的进取意识；率先垂范、永葆先进的优秀品质。

李新民在征战海外市场历程中，奋勇拼搏、无私奉献，创造了一流的业绩，叫响了铁人品牌，树立了大庆旗帜，他的故事在职工群众中广为流传。

提起 1205 钻井队，无人不知、无人不晓，这是老铁人王进喜带过的钻探“王牌队”。第十八任队长李新民始终保持铁人“为国分忧、为民族争气”的爱国主义精神，带领 1205 钻井队转战松辽，征战海外，在全国钻井队中钻井进尺率先突破 200 万米，连续 15 年人均每年向国家交一口井。

李新民坚持发扬铁人“有条件要上，没有条件创造条件也要上”的艰苦奋斗精神，把全部精力和满腔热情都倾注到钻井事业中，越是艰苦越向前，越是困难志越坚。他经常告诫自己：要像铁人那样扎根一线，严谨认真，工作在前，吃苦在前。李新民始终不忘铁人“要为油田负责一辈子”的精神，带领全队职工勤奋学习、苦练本领、创新管理，使1205钻井队创出了井深质量和固井合格率连年100%的好成绩。

⊙ 李新民

2006年春节刚过，作为铁人王进喜带过的队伍、全国最著名的钻井队，1205钻井队出征海外，去实现铁人没有完成的那个夙愿：把井打到国外去。在李新民的带领下，在激烈竞争的伊拉克，在充满希望的哈法亚，大庆钻探把根牢牢地扎进去了，也让中国石油在这里的开发，有了一支王牌之师可以倚重。

在李新民身上，总有一股洗不掉的石油味。他说：“自己永远也离不开这个味了。”这就是“大庆新铁人”，用质朴的情感、执着的坚守写就的“爱”，践行“我为祖国献石油”的豪迈誓言。

2017年10月24日，中国共产党第十九次全国代表大会闭幕后，第三场“党代表通道”再次开启。“大庆新铁人”

李新民走上通道，与中外媒体面对面交流。2019 年 9 月 25 日，李新民被中央宣传部、中央组织部、中央统战部等 9 个部委授予“最美奋斗者”称号。李新民继承铁人遗志，在国际市场上树立了新时代石油工人的良好形象。

八十二 “赵梦桃精神”薪火不熄

赵梦桃是西北国棉一厂细纱挡车工，1956 年、1959 年分别被授予全国劳动模范称号，是全国纺织战线的一面红旗。1952 年 5 月，在学习“郝建秀工作法”活动中，赵梦桃以最优异的成绩第一个戴上了“郝建秀红围腰”。她响应厂党委提出的“扩台扩锭”号召，看车能力从 200 锭扩大到 600 锭，生产效率提高了 3 倍。在她的影响和带动下，“人人当先进，个个争劳模”蔚然成风。

赵梦桃为了帮助姐妹们共同完成生产任务，不让一个姐妹掉队，不让周围有一个小组掉队，曾十多次将使用顺手的好车主动让给别人，自己克服困难开陈旧的“老虎车”，并年年超额完成生产任务。从 1952 年起，她创造了连续 7 年月月全面完成生产计划的先进纪录，并帮助 13 名工人成为工厂和车间的先进生产者。

赵梦桃倡导和表现出来的“高标准、严要求、行动快、工作实、抢困难、送方便”和“不让一个伙伴掉队”的思想品德，被陕西省概括为“赵梦桃精神”。她领导的小组被评为全国先进集体，赵梦桃也被评为全国劳动模范。

正当这株“红桃”繁花初绽的时候，赵梦桃旧病复发，又住进了医院。之前她就因肺部患病住院手术。那时，她想的是工厂、工友，未等痊愈就回厂上班。这一次，她已成为身患绝症的重病号，但在卧床数月的日子里，她依然想着工厂、工人姐妹和新操作法的实施情况。为了不影响工厂的生产，她劝退了组织上派来护理她的姐妹；在刚能由护士扶持下床时，就挣扎着自己洗脸、倒水，还帮助重病人洗脚、擦澡，为护士裁剪“油纱布”，还经常以“临时护士”身份帮助护士做输液准备、打扫病房、爬上窗台擦窗子；护士和病友劝她休息，她总是说：“我能动，就要干！”

⊙ 赵梦桃

1963 年 4 月 27 日，陕西省召开表彰大会，授予赵梦桃“优秀的共产党员、模范的共产党员、先进工人的典范”光荣称号。会后不久，这位把自己的青春年华全部献给祖国社会主义建设的细纱女工，不幸过早地被病魔夺去了年轻的生命，年仅28岁。

赵梦桃离开了人世，而“赵梦桃精神”却薪火不熄，代代相传。

1963年4月，赵梦桃所在的班组被命名为“赵梦桃小组”。半个多世纪以来，小组的人员换了一茬又一茬，“赵梦桃精神”传承了一代又一代。他们坚持以“高标准、严要求、行动快、工作实、抢困难、送方便”的十八字“赵梦桃精神”建组育人，不断创新进取，扎实有效工作，在新的形势下，始终保持了全国优秀先进班组和纺织战线一面旗帜的称号。党和人民也给予了很高的荣誉，小组先后30多次被评为全国或省部级先进班组。2008年4月被评为“全国工人先锋号”，2009年2月被评为全国女职工建功立业标兵岗。小组组员翟福兰、韩玉梅、周惠芝、刘小萍等10余位同志先后被授予全国、省部级劳动模范。

八十三　留守工会主席潘兰英

潘兰英，曾担任湖北黄石市丝绸厂工会主席，黄石市总工会“潘兰英职工维权服务热线”负责人。这条热线打响了全国第一个以全国劳模命名的职工维权热线品牌。她坚守清贫、四处奔走，为特困职工找工作、谋出路，被誉为困难职工的“贴心人”。

“职工的诉求就是我的责任”，不论是作为企业留守工会主席，还是“潘兰英职工维权服务热线”负责人，她始终坚守着这一信念——从35岁开始，便把全部的精力和心血倾注到帮扶困难职工等工会工作中。她说：“能为职工解决难题，为社会和谐稳定作出些许贡献，就是我这辈子最大的收获。”

我年轻时在黄石丝绸厂工作，从挡车工、班长、车间党支部书记，到1992年起开始担任厂工会主席。1994年，企业停产，我成为留守工会主席，那年我35岁。

665名职工面临下岗，161名退休职工也失去了依靠。当时我流泪了，但我告诉自己要坚强——无论面对什么样的困难，工会服务职工、维护职工合法权益的职责都不能“关闭”！

那段时间厂长找到我，说厂里决定以老厂房的地产作抵押，从银行贷款作启动资金，要我盖上工会的章。老厂房和地产是集体财产，是全厂下岗职工的希望所在，把家底全抵押出去，职工安置怎么办？

我对厂长说：“地产抵押要职代会讨论通过，我没有权利擅自盖章。”厂长一下子火了，拍桌子冲我吼。从那天起的两个月时间里，我一直将工会的图章揣在身上，走到哪里带到哪里，直到政府出面协调。企业通过有偿转让老厂房，解决了退休职工的养老保险和在职工人10年的社会养老统筹金。

⊙ 潘兰英

在担任留守工会主席的6年时间里，我自己的日子也十分拮据。除了厂里发的一些衣物代卖品外，每年我领取的现金只有500多元。但只要职工家里有婚丧嫁娶的事，我都会代表工会去看望，我要让职工们知道，企业虽然停产关闭了，但党组织还在，工会组织还在，希望还在。在我和同事们的不懈努力下，有170多名下岗职工找到了新工作，200多户特困家庭得到了救助。几年下来，我仅有的4000元积蓄也花光了。

2000年9月，我被调到黄石市铁山区总工会任副主席。为方便困难职工与工会联系，2002年铁山区开通了“潘兰英热线”，作为职工的救助电话。我再次拿出当年为下岗职工求职的那种锲而不舍的精神，继续奔忙。

2005年9月13日，随着我被调到市总工会工作，黄石市总工会“潘兰英职工维权服务热线”开通。当天，我们接到电话60多个，接待来访职工20多人。职工们的这份信任，就是沉甸甸的责任。

当了20多年工会干部，潘兰英喜欢这个岗位。每当通过她的努力，职工们的合法权益得到了维护，看着职工们脸上洋溢的笑容，就是她最幸福的时刻。

八十四　当代愚公李双良

李双良可能自己也未必想到，他从太钢退休后，竟然获得了一个响亮的称号：当代愚公。

李双良 1947 年到太钢工作，1955 年加入中国共产党，20 世纪 50 年代，是太钢、太原市、山西省劳动模范和闻名全国冶金系统的“爆破能手”，曾担任过班组长、车间党支部书记、工段长、加工厂副厂长、太钢（集团）有限公司冶渣顾问等职。

1983 年，李双良退休之后主动请战，不要国家一分钱投资，带领渣场职工发扬愚公移山的精神，把沉睡了半个多世纪的高 23 米、占地 2.3 平方公里、总量达 1000 万立方米的渣山搬掉，累计回收废钢铁 130.9 万吨，还自创设备，生产各种废渣延伸产品，创造经济价值 3.3 亿元。此后，李双良又带领职工在渣山四周建起长 2500 米、底宽 20 米、高 13 米的防尘护坡墙，防护墙内建有花坛、假山、鱼池、亭榭、长廊，并种植花、树 7 万多株，自此，起风扬沙 20 里的渣山，变成了绿树成荫、环境优美、景色宜人的花园。他的贡献，不仅从根本上解决了太钢的倒渣难题，更走出了一条“以渣养渣、以渣治渣、自我积累、自我发展、综合治理、变废为宝”的治渣新路子，为治理污染、改善环境作出了贡献，取得了显著的经济效益和社会效益，被誉为“当代愚公”。他的精神不仅对太钢职工，而且对全国乃至世界都产生着巨大的影响。

1988 年，联合国环境规划署把他列入《保护及改善环境卓越成果全球 500 佳名录》，并颁发了“全球 500 佳”金质奖章；1990 年，江泽民同志视察太钢时，高度评价李双良精神和业绩，题写了“学习李双良同志一心为公、艰苦创业的工人阶级主人翁精神，把太钢办成第一流的社会主义企业”的题词；1995 年，李鹏同志在全国人大《政府工作报告》中，列出李双良等 8 位英雄模范，号召全国人民向他们学习。

⊙ 李双良

从此，“当代愚公”成为李双良的代名词，传遍大江南北。“双良精神”也被确定为太钢的企业精神，成为太钢人宝贵的精神财富。

新时代的太钢人，践行着循环经济的理念，将愚公精神不断发扬光大。太钢的产品“绿”了，一批尖端产品纷纷登上神舟系列飞船、东风系列火箭，太钢牌不锈钢以绝对的“绿色优势”占领了国内不锈钢市场近半壁江山；废物“绿”了，太钢用粉煤灰制作的新型墙体砖上了上海世博会山西馆外墙，名声大振；废水“绿”了，2018 年，太钢投资 2.4 亿元启动实施了工业废水源头分质处理和综合深度处理减排项目。经此项目处理后的水质，在行业内将率先达到特别排放限值水平。

2018 年 12 月 16 日，96 岁的李双良走了。他在冬天离开，留下春的色彩。如今的太钢，“双良门”依然巍峨，“双良路”平坦干净，“双良中学”书声琅琅……这一切，都是对老人最好的纪念。

八十五　李素丽：服务没有终点站

如果多年前你在北京乘坐过21路公共汽车，一定听过这个动听的声音："各位乘客，您好！欢迎乘坐我们21路1333号车。您可能来自祖国的大江南北、四面八方，我将用北京人热情、好客的传统，为您提供周到的服务。途中，如果有什么困难、有什么要求，请不要客气，我会热心帮助您。"

这热情的广播就来自李素丽，北京市公交总公司公汽一公司第一运营分公司21路公共汽车售票员。她自1981年参加工作以来，十几年如一日，在平凡的岗位上，把"全心全意为人民服务"作为自己的座右铭，真诚热情地为乘客服务，被誉为"老人的拐杖，盲人的眼睛，外地人的向导，病人的护士，群众的贴心人"。1996年被全国妇联授予"全国'三八'红旗手"。

21路公共汽车北起北京北站，南到北京西站，沿线10公里，分布14个车站。在这个平凡的岗位上，李素丽根据乘客的不同需求，给他们最需要的服务：老幼病残孕，怕摔怕磕怕碰，李素丽搀上扶下；“上班族”急着按时上班，李素丽尽量让他们上车；外地乘客容易上错车或坐过站，李素丽及时提醒他们；中小学生天性活泼，李素丽提醒他们车上维护公共秩序，车下注意交通安全。看到有人晕车或不舒服想吐，她会及时地送上一个塑料袋；遇到不小心碰伤的乘客，她赶紧从特意准备的小药箱里拿出常备的“创可贴”；姑娘们夏天穿着长裙上下车，她忘不了提醒她们往上拎一拎，以免被后面的人踩上摔跟头。李素丽售票台的抽屉里总是放着一个小棉垫，那是她为抱小孩的乘客准备的，有时车上人多，一时找不到座位，李素丽就拿出小棉垫垫在售票台上，让孩子坐在上面……她的售票台旁的车窗玻璃在进出站时总是敞开的。即使下大雨，她也要把车窗打开，伸出伞遮在上车前脱掉雨衣、收拢雨伞的乘客头上。李素丽习惯在车厢里穿行售票，尽管总是挤得一身汗，可她却说：“辛

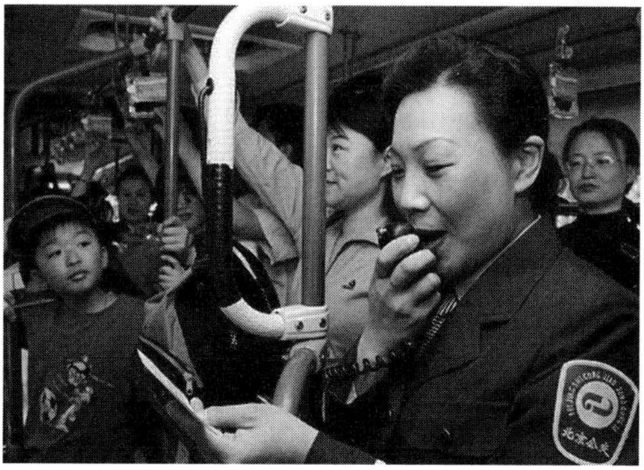

⊙ 李素丽

苦我一个，方便众乘客。”

李素丽为她的岗位感到自豪。她说：“是它给了我每一天都能向他人奉献真情的机会。如果我能把这十米车厢、三尺票台当成为人民服务的岗位，实实在在去为社会作贡献，就能在服务中融入真情，为社会多增添一份美好。即便有时自己有点烦心事，只要一上车，一见到乘客，就不烦了。”

1999 年 12 月 10 日，李素丽与 23 名姐妹组建起“北京公交李素丽服务热线”，在北京市首次为百姓出行、换乘车提供 24 小时的交通信息。从三尺票台到信息平台，从售票员到“李素丽热线”的负责人，李素丽接受了新的挑战。“96166”公交李素丽服务热线的开通让李素丽的一片热心，融入到一条热线之中。“服务热线”对社会的承诺是：乘客出行的向导，解答询问的智囊，质量监督的渠道，联系市民的桥梁。

李素丽说：“每一条公共汽车的线路都有终点站，但为人民服务没有终点站。我永远属于我的乘客，属于我的岗位。”

八十六 “联席会议”作用大

工会与政府的联席会议制度和民主对话制度，是工会参政议政的新形式、新发展。

1988 年 10 月，陕西省总工会和省政府率先建立起联席会议制度，并举行了第一次联席会议。会议就省总工会提出的 4 个涉及职工利益的议题进行了协商，并当场确定了解决办法。会后，4 个议题都得到落实。

此后，山西、吉林、山东、河南、湖北、黑龙江等省也相继建立了工会与政府的联席会议制度，协商解决有关职工利益方面的重大问题。1989 年 9 月，陕西省总工会与陕西省政府举行第二次联席会议，会议通过了关于《陕西省人民政府与陕西省总工会联席会议制度的试行办法》，从而把每年举行一次的联席会议形式制度化、程序化。

陕西省总工会与政府实行联席会议制度，推动了县以上工会与同级政府参政议政。1990 年初，陕西省所属各县级以上城市、各主要工业厅局及一些大中型企业，都推行了政府或行政与同级工会方面的联席会议制度。

在产业工会方面，中国北方工业总公司和中国国防工业工会共同决定建立的对话联席会议制度，是较具代表性的范例。其做法是：在联席会议上，双方分别设主持人和发言人；企事业工会代表及组长，由中国国防工业工会主持各企事业工会直接选举产生，任期三年，实行常任制和替补制；对话分为定期和不定期两种，定期对话，在每年总公司工作会议前一至两个月内，召开一次有全体代表参加的协商对话联席会议，不定期的工作对话，有正、副组长参加，讨论决定联席会议有关问题；协商对话的程序是：确定对话议题，提出对话报告，讨论实施方案并将会议主要内容下发或通报给各企事业行政和工会。

从实践来看，联席会议制度体现了工会与政府的平等合作与民主协商原则，使联席会议的议题更好地把维护职工群众的具体利益和国家的总体利益有机地结合起来。联席会议制度从上到下，不但工会和政府的领导参加，而且有一些职工代表参加，这就使联席会议上工会和政府都能直接听到职工群众的声音和要求，增强了联席会议的群众基础，也有利于直接发挥职工群众在社会政治生活和国家事务管理中的主人翁作用。

工会参政议政和联席会议制度在全国范围内普遍开展，

有力地推动了各项改革事业的发展。

工会十四大以来，工会与政府联席会议制度在全国普遍建立，有些地方还将该项工作纳入政府每年的工作计划之中。到 2008 年 9 月，全国有 28 个省、自治区、直辖市建立了政府与工会的联席会议制度。

2014 年 5 月，全总下发了《关于进一步推动完善政府和工会联席会议制度的意见》，要求各地工会准确把握推动完善这一制度的三项原则，即坚持党的领导，坚持服务党和政府的中心工作，坚持维护职工群众合法权益。

2018 年 12 月 13 日，纪念政府与同级工会联席会议制度推行 30 周年座谈会在北京召开，强调各级工会要不断提升联席会议制度建设的质量水平。包括：争取党委和政府制定规范性文件，努力推动人大健全完善立法，为联席会议制度提供充分的政策法律依据；推动联席会议制度向具备条件的乡镇（街道）、开发区（工业园区）拓展延伸；健全联席会议协调联动工作机制、督查落实机制和激励约束机制。目前，全国 31 个省（区、市）全部建立了联席会议制度。

八十七 “送温暖工程”暖万家

“送温暖工程”是工会的一个闪亮品牌。

扶贫帮困、互助互济，历来是中国工会的光荣传统，在改革开放新时期，继承和发扬这一光荣传统意义重大。早在20世纪80年代，各地工会便积极开展各种形式的互助活动，辽宁、黑龙江、江苏、甘肃等地工会还探索送温暖活动形式以解决困难职工生活问题。据不完全统计，1985年至1990年，全国10万多个基层单位扶助贫困职工250多万人，140万人因此摆脱困境，连同他们的家属脱贫人数达600万。

1991年末，中华全国总工会作出决定：1992年元旦春节期间，在全国范围开展送温暖活动。随后中华全国总工会党组、书记处领导人兵分8路，分赴18个省、自治区、直辖市走访慰问受灾地区和“双停”、亏损企业的困难职工、离退休职工。自此，在全国范围内开展的“进万家门、知万家情、解万家难、暖万家心”工会送温暖活动正式拉开帷幕。

1994年，中华全国总工会再次作出决定，将一年一度的送温暖活动拓展为“送温暖工程”，以实现送温暖活动的经常化、制度化、社会化。中华全国总工会领导率 10 个慰问团，分赴 30 个省、自治区、直辖市慰问。1995 年元旦和春节前后，向职工送温暖活动扩展到全国范围。从党和国家领导人到各省（区、市）委书记、省长（主席、市长）和企事业的主要负责人，从中华全国总工会主要领导人到各省（区、市）总工会、各产业工会、各地方工会主要负责人，都深入走访职工家庭“送温暖”。

各级工会积极行动，订计划、抓落实，以基层为重点，进一步深化职工扶贫解困、互助互济活动，促进失业职工再就业，建立群众性、公益性、互助性基金组织，推动离退休职工生活问题解决，并努力争取社会的广泛支持与合作，形成“送温暖”的合力。

到 2002 年初，中国工会实施送温暖工程已经 10 年。党中央、国务院从这项工作开展的初期就高度重视、十分关心。江泽民同志曾明确指出：送温暖是我们党的好传统，要发扬。江泽民等党和国家领导人都曾身体力行、率先垂范，深入困难企业和困难职工家中，进行走访慰问，把党和政府的关怀和温暖送给广大职工。2002 年新年伊始，江泽民同志亲笔题词“送温暖工程”。

2012 年 1 月，中华全国总工会举行全国工会送温暖活动开展20周年、困难职工帮扶中心建设10周年座谈会。王兆国出席座谈会并讲话，强调各级工会要把送温暖和帮扶工作作为推动全面建设小康社会、实现人民群众共同富裕的一项伟大事业坚持不懈地抓下去，在促进经济平稳较快发展与社会和谐稳定中发挥更大作用。

从1992年“送温暖”活动启动以来的20年中，各级工会共筹集资金近400亿元，走访困难企业163万家（次），慰问困难职工家庭9757万户（次）。从2002年工会建立困难职工帮扶中心以来，累计筹集资金近140亿元，帮扶困难职工和农民工4193万人（次）。

2018年底，中华全国总工会修订了送温暖资金管理办法，推进送温暖常态化，在继续做好困难职工群体和先进模范人物送温暖的同时，把送温暖对象进一步扩大到其他各类需要慰问的职工群体。

2019年底，中华全国总工会发布《关于2020年元旦春节期间组织开展送温暖活动的通知》，安排专项送温暖资金8590万元，走访企业和职工。面对面了解职工状况、倾听职工需求，深入困难企业，深入困难职工、困难农民工和劳模家庭慰问，并提前下拨3.9亿元中央财政专项帮扶资金，用于困难职工生活保障。

八十八　厂务公开简史

厂务公开是20世纪90年代末最热门的话题之一，是改善和加强基层政治民主建设的重要标志。

厂务公开的主要内容有：企业重大问题决策公开；企业干部的选拔、任用和管理公开；涉及职工切身利益的问题公开；企业经营状况公开。

1999年1月，由中纪委、国家经贸委、中华全国总工会三家联合成立全国厂务公开协调小组，下设办公室，统一协调指导全国厂务公开工作，并于4月18日至20日在天津召开了全国厂务公开经验交流会。中共中央政治局常委、中央纪委书记、中华全国总工会主席尉健行出席会议并发表重要讲话。尉健行从5个方面阐述了厂务公开的积极作用和现实意义。这次会议规模大、层次高、内容丰富，对厂务公开工作具有巨大推动作用，产生了广泛影响。会后，各地抓住机遇、乘势而上，掀起了世纪之交厂务公开工作蓬勃发展的态势。

2000年以后，各地在推行厂务公开的同时，着重在健全机制、规范运作上下功夫。到2008年，有20个省（区、市）颁布了25个厂务公开民主管理方面的地方性法规。2008年，全国厂务公开协调小组要求，争取用5年时间，实现全国范围内已建工会的公有制企业厂务公开和职代会制度全覆盖，已建工会的非公有制企业厂务公开和职代会建制率达到80%以上。

2011年是厂务公开民主管理工作力度加大、取得新进展的一年。中华全国总工会加强了厂务公开民主管理制度化、规范化、法制化建设，各级工会积极推进厂务公开和职代会建制工作。2011年3月，针对全国非公有制企业不断增多，公司制成为企业重要组织形式，厂务公开建制率、覆盖率不高，相当大的非公有制事业单位尚未实行厂务公开，以及推行厂务公开民主管理社会环境有待改善等问题，全国厂务公开协调小组办公室下发通知，决定从2011年到2013年开展厂务公开、职代会建制专项行动。要求通过专项行动，力争到2013年全国范围内已建工会的公有制企业厂务公开、职工代表大会制度基本实现全覆盖，已建工会的非公有制企业厂务公开、职工代表大会建制率达到80%以上；事业单位厂务公开、职工代表大会建制率也应有较大提高。各地按照专项行动的要求，明确建制目标，加强督察和工作指导，采取各种措施提高厂务公开、职代会建制率。为深入总结、推广厂务公开民主管理工作先进典型的成功经验和创新做法，充分发挥先进典型的引领示范作用，以点带面，大力推进厂务公开民主管理制度化、规范化建设，不断提高工作水平和工作实效。

此后，厂务公开工作不断深入推进，成为企业民主管理的重要形式。

2019 年，全国厂务公开协调小组办公室召开了纪念厂务公开工作 20 周年座谈会。20 年来，在党中央、国务院的高度重视和坚强领导下，在各级党委、政府的有力指导下，厂务公开从无到有，从点到面，从公有制企业、事业单位到非公有制企业，建制率不断提高，领域不断拓宽，内容不断丰富，机制不断完善，取得了显著成效。截至 2017 年 9 月底，全国已建立工会的企事业单位单独建立职代会制度的有 500.9 万家，单独建立厂务公开制度的有 487.1 万家；全国已建工会所在单位建立了职工董事制度的有 18.2 万家，建立了职工监事制度的有 18.5 万家。截至 2019 年，全国已有 28 个省（区、市）颁布了 35 部有关厂务公开民主管理的地方性法规。

八十九 “义乌模式”维权经验

改革开放以来，浙江省义乌市由于市场经济起步较早、发展较快，经济关系的变化更为深刻，也使劳动关系矛盾更加尖锐复杂。从2000年开始，在中共义乌市委的领导下，全市初步建立起了以构建和谐社会为目标，以法律法规为基准，以社会化维权为特征，以协商调解、参与仲裁、代理诉讼、法律援助为基本手段，覆盖劳动关系全过程全领域的协调机制。其主要做法：一是建立社会化维权平台。2000年10月，建立了由义乌市总工会领导的、非营利性的维权工作专门机构——义乌市职工法律维权中心。维权中心主要工作是参与工资集体协商与集体合同和劳动合同鉴证；参与劳动争议协调处理，主持劳动争议调解；参与劳动争议仲裁，开展职工劳动争议仲裁代理、诉讼代理；为职工提供法律救助和法律援助。二是完善社会化维权网络。与四川、湖南等省市工会建立了跨地区的维权机制；在乡镇、街道建立维权工作站，在企业建立劳动争议调解委员会。维权中心与政府相关部门实行热线电话连线，确保各类询问、投诉案件在第一时间做出反应并快速有效解决。三是初步建立了“党委领导、政府支持、各方配合、工会运作、职工参与”的社会化维权格局。市委成立了由市委、政府领导任正副组长、工会等有关部门为成员单位的维权工作领导小组，实现维权工作的互联、互动、互补；与法律服务所、律师事务所建立合作关系，加强维权的力量，保证维权的质量。与浙江高等院校合作，联合成立“职工维权科研站”，联合开展普法培训、法律咨询以及职工法律维权理论和机制创新的调研等活动。四是运用社会化维权手段。针对工资支付等劳动合同条款履约不到位的问题，与市司法局公证处合作积极探索劳动合同部分条款公证的新机制。开展“万名党员联万户”结对帮扶工作，把工会的帮扶工作纳入党委政府建立公平与正义社会管理目标的大格局。与市司法局联合成立义乌市总工会人民调解委员会，在上规模的企事业单位建立人民调解委员会，凡企业内部无法调解的劳动争议，由市总工会人民调解委员会主持调解。在市总工会设立“义乌市人民法院职工维权调解联络处”，实现人民调解和诉讼有机结合，使工会系统的人民陪审员可以直接参与劳动争议案件的审理或从事判决之前的调解活动。

这一工作机制被称作“义乌模式”。

为了更好完善在工会组织领导下的维权机制，总结经验、强化职能，更好地为职工服务，2005 年 9 月 15 日至 16 日，中华全国总工会在义乌市召开了全国工会维权机制建设经验交流会议，王兆国出席会议并在会上发表重要讲话。王兆国指出：要适应社会管理体制的建设和创新，不断完善在工会组织领导下的维权机制，必须跳出自我循环的圈子，把维权工作纳入到社会建设和管理的总体格局中，在各级党委的统一领导下，创新工会的维权机制、手段和途径，团结社会力量共同维护职工合法权益，在构建社会主义和谐社会的进程中切实做到大有作为。

2013 年 5 月，义乌市总工会职工法律维权中心更名为职工服务中心，这一更名彰显了义乌工会维权机制由单个部门职责演变为整合社会资源实现多部门联动的特点。

2013 年 11 月，义乌在全市各镇（街道）建立了职工服务站、规模以上企业建立了职工服务点，形成了职工维权服务上下一体联动。

截至 2018 年底，义乌市已建立区域性、行业性劳动争议预警机制规范化单位 150 余家，全市 1979 家非公企业基层工会全部建立了工会法律监督委员会和工会调解组织委员会，大量的劳资纠纷和矛盾能最大程度地解决在基层、化解在萌芽状态。

九十 “金秋助学”传递希望

“金秋助学”是工会的一项“德政工程”。2005年7月18日，为丰富送温暖的内涵、推动工会帮扶工作向纵深发展、更好地协助党和政府解决困难职工子女就学难问题，中华全国总工会办公厅下发《关于开展2005年“金秋助学”活动的通知》(以下简称《通知》)，开启了“金秋助学”的序幕。

《通知》规定了“金秋助学”活动资助的范围、标准和活动内容、方式等，要求各级工会要把“金秋助学”活动作为当前和今后帮扶工作的重要内容列入议事日程，切实抓紧抓好、抓出成效。活动开展以来，各级工会整合内外资源和力量，拓展帮扶对象，扩充帮扶内容，帮助众多低收入家庭子女和农民工子女实现“上学梦”。2008年，“金秋助学”活动共筹集助学资金8.5亿元，资助学生71.6万人，其中困难农民工子女16.8万人。自2005年到2008年的四年间，共筹集助学款24.2亿元，资助困难职工和农民工子女241.3万人，其中困难农民工子女42.6万人。

每年的7月至9月都是助学之季，中华全国总工会连年发出通知，在全国范围内开展金秋助学活动，致力于推动解决困难职工、农民工家庭子女上学难、就业难问题。

在活动中，中华全国总工会要求各级工会详细调查摸底本地区困难职工（农民工）家庭的生活状况及子女上学、就业需求，全面掌握困难职工子女在校人数、毕业生规模、助学和就业帮扶需求等综合信息，分类制定助学与就业帮扶措施。对于深度贫困职工家庭子女，加大助学帮扶力度，强化资金的集中保障作用。

为进一步发挥制度保障主渠道作用，实现工会帮扶与国家助学就业政策体系有效衔接，中华全国总工会要求各地工会进一步掌握国家和各地、各部门相关法律政策规定，开展政策推介宣讲，提高相关助学和促进就业政策知晓度。同时，进一步加强与政府相关部门、高校的沟通衔接，推动符合条件的困难职工家庭上学子女纳入国家“奖、助、贷、勤、减、免”助学体系。

多年来，各级工会进一步整合社会力量，充分运用基金会、公益项目等平台媒介，动员社会资源，形成了多元化助学力量。各级工会还创新帮扶机制，把经济资助与学业帮助、人文关怀、能力培养结合，把重要时间节点帮扶与日常助学救助结合，建立完善定时联系、关心回访平台和回访辅导等机制，关注特殊职工家庭子女的心理健康，实现帮扶救助常态化、经常化、日常化。各级工会共筹集金秋助学资金近百亿元，帮助资助困难职工和困难农民工子女上千万人圆了求学梦，受到寒门学子和社会各界的广泛赞誉。

九十一　沃尔玛“破冰”建工会

2006 年 7 月 29 日上午 8 时，福建省晋江市罗山街道办事处 2 楼 600 多平方米的会议厅里响起阵阵雷鸣般掌声，沃尔玛深国投百货有限公司晋江店工会成立暨第一次会员大会正在举行。

这个工会不大，只有 25 名职工，但是“规格”不低，他们经过严格的选举程序，投票选出 7 名工会委员并推选职工柯云龙为工会主席后，中华全国总工会副主席、书记处书记徐德明亲自向柯云龙授予工会委员会牌匾。

更重要的，这是沃尔玛职工依法组建其在国内首个工会组织，并且是沃尔玛在全球首个工会组织。

这一意义非同凡响。沃尔玛自 1976 年创立以来，一直保持着在美国国内绝不雇用工会成员的纪录，这也成为其饱受抨击的主要原因之一。2005 年，佐治亚大学特里商学院做了一次模拟民意测验，主题是“谁是美国最受憎恨的公司”，沃尔玛几乎全票当选。

然而，自从进入中国，这一“全球惯例”被中华全国总工会打破了。沃尔玛在中国有 60 个店，拥有超过 160 多万的员工，起初仍然秉承其创始人的家训，拒绝建立工会。2004 年中华全国总工会对沃尔玛不建工会提出批评时，沃尔玛又拿出第二种托词——员工没有提出建会要求。

鉴于此，中华全国总工会派工作人员直接上门动员职工建会。组建沃尔玛晋江店工会过程中，泉州市总工会充分抓住《工会法》中的相关条文，将工作转化为 25 名员工的“合法要求”和“主动意愿”，突出“依法”和“自愿”。经过几次交锋，沃尔玛管理方不得不转变了态度，表示同意职工建立工会。

沃尔玛泉州店成功建立工会的消息一传开，其他外商投资企业建工会的可能性也增加了不少。时任中华全国总工会基层组织建设部部长郭稳才说:“许多地方工会干部，都纷纷给我们打电话询问有关问题，这让人备受鼓舞。8 月 3 日沃尔玛内部的第二个工会，也就是深圳湖景分店工会也建立了。”两年之后，2006 年 9 月 29 日，随着沃尔玛 (中国) 公司汕头南国店工会的成立，全球最大连锁零售商沃尔玛在华 62 家分店已全部建立工会。至此，中华全国总工会与沃尔玛旷日持久的较量，最终以中华全国总工会的胜利而完美谢幕。

沃尔玛建立工会的“破冰”之举，成为中国工会史上的一件大事，也使其他外资企业受到很大震动。随后，中华全国总工会以沃尔玛组建工会为契机，以世界500强跨国公司为着力点，推进在华外资企业组建工会。经过几年的努力，外资企业在中国建立工会的比例大幅度提高。当外资企业发现建立工会后，经营不仅没有“受限”反而“受益”许多，又进一步提高了建立工会的积极性。

九十二 “职工书屋”泛书香

职工书屋是中华全国总工会为保障广大职工特别是一线职工、农民工的基本文化权益，丰富基层职工精神文化生活，在全国工会开展的一项重要文化工程。

2006 年 11 月，河南省内黄县建成首家工会“职工书屋”。时任中华全国总工会副主席、书记处书记黄彦蓉为首家工会“职工书屋”揭牌。

2007 年底，为贯彻落实党的十七大精神，推动社会主义文化大发展、大繁荣，切实帮助广大职工特别是农民工提高自身素质，丰富职工的精神文化生活，保障职工群众的精神文化权益，中华全国总工会书记处决定自 2008 年起，用 3 年时间在全国重点扶持建设 3000 个“职工书屋”示范点，并发动各级工会以点带面，用 5 年时间全面推动“职工书屋”建设。

2008 年 1 月 3 日，全国工会“职工书屋”建设工作电视电话会议召开，中共中央政治局委员、中华全国总工会主席王兆国为“职工书屋”题字。中华全国总工会副主席、书记处书记倪健民发表讲话，全面部署“职工书屋”建设的有关工作，提出用5年左右的时间，在全国缺乏读书条件的基层企事业单位、社区等筹建5万个“职工书屋”。1月18日，中华全国总工会印发《关于开展全国工会“职工书屋”建设的实施意见》，对“职工书屋”建设进行了具体部署。

2008年4月14日，第一批1000家全国工会“职工书屋”示范点图书配送工作正式启动。

2008年，1000家全国工会“职工书屋”示范点的图书全部配送到位，带动各地工会自建“职工书屋”9800余家，藏书总量累计1330.58万册。

此后10多年中，“职工书屋”不断发展、壮大。2018年是全国工会“职工书屋”建设十周年，按照中华全国总工会关于进一步做大做强“职工书屋”品牌的部署，“职工书屋”建设工作进一步取得重要成果。中华全国总工会新建“职工书屋”示范点1200家，并为一批往年已建“职工书屋”补配以及为服务基层一线职工、农民工的新型阵地、站点配备图书，进一步为广大职工创造阅读条件、丰富阅读学习资源。

截至2020年6月，全国已建设职工书屋10余万家。

如今“职工书屋”已开发出电子职工书屋阅读系统，扩展了图书、期刊、听书等不同形式上万种精品资源，完善了阅读网站、APP、微信端、PC 客户端、立式触屏等多种软硬件终端，并陆续推出在线读书活动等交互功能。

各级工会组织和广大基层单位依托“职工书屋”开展了大量丰富多彩的职工阅读学习活动，共同营造亿万职工精神文化家园。2019 年，为迎接新中国成立 70 周年，职工书屋策划实施了 70 场“与共和国同行”示范性全国职工主题阅读活动，进一步叫响做实了职工书屋品牌。70 场主题阅读示范活动，将阅读活动与爱国主义教育完美结合，涌现了大量基层职工自创自演的作品，表达了他们对职业的理解、对劳动的尊重、对生活的热爱、对阅读学习的激情，充分展示出企业风采、展示出职工队伍的精神风貌，引起职工的强烈共鸣。

九十三　工会走进新时代

中国工会第十六次全国代表大会于2013年10月18日至22日在北京人民大会堂举行。

李建国代表中华全国总工会第十五届执行委员会作了题为《高举旗帜　改革创新　团结动员亿万职工在实现中国梦历史进程中充分发挥主力军作用》的报告。

大会选举产生了中华全国总工会第十六届执行委员会，在其第一次全体会议上，选举产生了中华全国总工会第十六届执行委员会主席、副主席和主席团委员。李建国当选为中华全国总工会主席，陈豪、刘国中、张少琴、徐福顺、陈荣书、尔肯江·吐拉洪、李世明、邱小平、焦开河、范继英、崔郁、江广平、许振超、郭明义等14位同志当选为中华全国总工会副主席。在执委会主席团第一次会议上，以举手表决的方式推选陈豪为书记处第一书记，刘国中、陈荣书、王瑞生、李世明、焦开河、范继英、江广平、赵世洪、郭军为书记处书记。

⊙ 中国工会第十六次全国代表大会

中共中央总书记、国家主席、中央军委主席习近平在中国工会十六大刚刚闭幕的第二天即 2013 年 10 月 23 日上午，在中南海同中华全国总工会新一届领导班子成员集体谈话并发表重要讲话，要求工会要牢牢抓住为实现中华民族伟大复兴的中国梦而奋斗这个我国工人运动的时代主题，把推动科学发展、实现稳中求进作为发挥作用的主战场，把做好新形势下职工群众工作、调动职工群众积极性和创造性作为中心任务，把巩固党执政的阶级基础和群众基础作为政治责任，竭诚为职工群众服务，切实维护职工群众权益，不断焕发工会组织的生机活力。

2018 年 10 月 22 日，中国工会第十七次全国代表大会在北京人民大会堂召开。

王东明代表中华全国总工会第十六届执行委员会作了题为《以习近平新时代中国特色社会主义思想为指导，团结动员亿万职工为决胜全面建成小康社会，夺取新时代中国特色社会主义伟大胜利而奋斗》的报告。大会通过了《中国工会章程（修正案）》，选举产生了第十七届执委会和新一届领导机构。在第十七届一次执委会上，王东明当选为中华全国总工会主席，李玉赋、张工、张少琴、蔡振华、翁杰明、张晓兰、阎京华、邱小平、焦开河、江广平、马吉孝、石岱、郭明义、巨晓林、高凤林等 15 位同志当选为全总副主席。十七届一次主席团会议上，推选李玉赋为书记处第一书记，

⊙ 中国工会第十七次全国代表大会

张工、蔡振华、阎京华、焦开河、江广平、石岱、张茂华、许山松、王俊治、曲昭伟为书记处书记。

10月29日，中共中央总书记、国家主席、中央军委主席习近平在中南海同中华全国总工会新一届领导班子成员集体谈话并发表重要讲话。习近平同志强调，我国工运事业是党的事业的重要组成部分，工会工作是党治国理政的一项经常性、基础性工作。要坚持党对工会工作的领导，团结动员亿万职工积极建功新时代，加强对职工的思想政治引领，加大对职工群众的维权服务力度，深入推进工会改革创新，勇于担当、锐意进取，积极作为、真抓实干，开创新时代我国工运事业和工会工作新局面。

站在新的历史起点上，中国工会肩负着新的光荣使命，中国工会更加紧密地团结在以习近平同志为核心的党中央周围，以习近平新时代中国特色社会主义思想为指导，坚定不移走中国特色社会主义工会发展道路，团结动员亿万职工凝心聚力、开拓进取，为决胜全面建成小康社会、夺取新时代中国特色社会主义伟大胜利、实现中华民族伟大复兴的中国梦而不懈奋斗！

九十四　“工人主席”回来了

中国工会是中国共产党领导的职工自愿结合的工人阶级群众组织，工人出身的干部担任工会主席并不罕见。革命战争年代自不待言，林伟民、苏兆征、罗登贤等都是工人出身。新中国成立之后，倪志福担任过中华全国总工会主席，王崇伦、章瑞英担任过中华全国总工会副主席。在省一级总工会，也有大量的工人劳模担任领导职务，例如，苏广铭担任过黑龙江省总工会副主席，马六孩担任过山西省总工会副主席、大同市总工会副主席，郝建秀担任过山东省总工会副主任……

一段时间内，由于种种原因，在工会中“工人主席”日渐减少。

2015 年 7 月，中央发布《中共中央关于加强和改进党的群团工作的意见》并指出，一些地方群团组织基层基础薄弱、有效覆盖面不足、吸引力凝聚力不够问题突出；有的群团组织工作和活动方式单一，进取意识和创新精神不强，存在机关化、脱离群众现象；群团干部能力素质需要进一步提高，作风需要改进。

习近平总书记在中央党的群团工作会议上发表重要讲话指出，切实保持和增强党的群团工作的政治性、先进性、群众性。

中央党的群团工作会议之后，中华全国总工会率先开始群团改革试点工作。改革的一个亮点就是领导班子里再次出现了一线工人和农民工的身影。许振超、郭明义、巨晓林、高凤林先后当选中华全国总工会兼职副主席。

许振超，山东青岛前湾集装箱码头有限公司固机经理。1974 年进青岛港工作，参加工作 30 多年来，立足本职，务实创新，干一行、爱一行、精一行。他自学成才，苦练技术，练就了“一钩准”“一钩净”“无声响操作”等绝活，被誉为新时期产业工人的杰出代表。

郭明义，1977 年参军，1982 年复员到齐大山铁矿工作，鞍钢集团矿业有限公司齐大山铁矿生产技术室业务主管。他 40 多年如一日学雷锋做好事，被誉为“爱心使者”“雷锋传人”。2009 年发起成立郭明义爱心团队，全国各地已建立 1000 余支分队，180 多万名志愿者加入其中。

巨晓林，1987 年 3 月参加工作，高中学历，高级技师，任中国中铁电气化局集团第一工程有限公司第六项目管理

（高铁）分公司技术员。他创新施工方法43项，创造经济效益600多万元。他主编的《接触网施工经验和方法》，被配发给数千名接触网工作为工具书。

高凤林，中国航天科技集团首席技能专家，为我国多发火箭焊接过“心脏”。他曾攻克“疑难杂症”200多项，包括为16个国家参与的国际项目攻坚，被美国宇航局委以特派专家身份督导实施。荣获全国劳动模范、全国五一劳动奖章获得者、全国道德模范、全国技术能手等称号。

在中华全国总工会示范带动下，各级工会领导班子里均有了一线工人和农民工出身的“工人主席”。

九十五　工人问鼎“科技奖”

2020年1月10日上午，2019年度国家科学技术奖励大会在人民大会堂举行。习近平总书记、李克强总理等党和国家领导人出席大会并为获奖代表颁奖。在获奖代表的序列中，两位一线工人代表格外引人注目，他们就是来自国网无锡供电公司的电缆工人何光华和来自金川集团铜业公司的冶金工人潘从明，他们的成果均获得国家科学技术进步二等奖。

其实，这不是一线工人头一次登上国家最高科技殿堂的领奖台。据中华全国总工会统计，从2006年至今，经中华全国总工会推荐获此奖项的一线工人已经达到19名。这一极为亮眼的科研成绩单，足以说明我国的一线产业工人已经成为国家重大科技创新的一支不可忽视的重要力量。

早在2006年，一汽大众公司工人王洪军就荣获国家科技进步二等奖，成为第一位登上国家最高科技领奖台的一线工人。王洪军是一汽大众汽车公司“白车身”钣金维修工人，在实践中创立“王洪军轿车钣金快速修复法”，整体研究成果居国际先进水平。此后工人获奖的势头一发而不可收，先后有沈阳鼓风机（集团）有限公司的“蓝领专家”杨建华、胜利油田首席技能大师代旭升、中国石油东北炼化工程有限公司“密封大王”赵林源、宝山钢铁股份有限公司宝钢分公司轧钢工王康健、江苏公司泰州供电公司许杏桃、上海电气液压气动有限公司总工艺师李斌、内蒙古呼和浩特铁路局焊轨段电气维修工郭晋龙、山东电力集团公司超高压公司工人高森、国网山东省电力公司检修公司“带电作业第一人”王进、中国石化江苏油田工程技术服务中心井下作业工田明、大兴安岭神州北极木业有限公司白伟东、国网江苏省电力公司电力科学院朱洪斌、沈阳黎明航空发动机有限责任公司首席技能专家洪家光、国网浙江省电力公司电力科学研究院高级技师黄金娟、中车长春轨道客车股份有限公司高级技师罗昭强等一线工人登上国家科技奖的领奖台。

这充分说明中国的一线产业工人中蕴藏着极为巨大的科技创新潜力。以潘从明的获奖项目“镍阳极泥中铂钯铑铱绿色高效提取技术”为例，铂钯铑铱等铂族贵金属是精密电子、航空发动机等战略高科技产业的关键基础材料。国内提取铂族贵金属的主要原料是经过火法、湿法冶炼提取镍铜后的副产物——镍阳极泥。没有这套技术之前，镍阳极泥只能作为工业废料被抛弃。潘从明的成果，解决了传统工艺贵金属收率低、生产周期长、加工成本高、劳动生产率低、污染物排放量大的难题，整体技术达到国际先进水平。

各级工会在促进一线工人科技创新方面起到了十分重要的助推作用。据了解，何光华与潘从明的项目均出自工会组织创建的劳模与工匠人才创新工作室，均得到了工会组织的创新孵化资金补助。换言之，这些一线工人科学家都是由各级工会助推出来的，在他们组建创新工作室、申请科研经费、申报科研课题以及组织科研攻关力量的过程中，各级工会都发挥了不可替代的作用。

参考文献

[1] 毛泽东选集，人民出版社，1991。

[2] 周恩来选集，人民出版社，1980。

[3] 刘少奇选集，人民出版社，1981。

[4] 习近平，习近平谈治国理政，外文出版社，2014。

[5] 习近平，习近平谈治国理政（第二卷），外文出版社，2017。

[6] 中华全国总工会中国职工运动史研究室，中国历次全国劳动大会文献，工人出版社，1957。

[7] 中华全国总工会中国职工运动史研究室、中科院近现代史研究所工运史组，中国工运史料，工人出版社，1960。

[8] 中华全国总工会中国工人运动史研究室，中国工运史料，工人出版社，1980。

[9] 中华全国总工会，中共中央关于工人运动文件选编，档案出版社，1985。

[10] 中华全国总工会中国职工运动史研究室，中国工会历史文献，工人出版社，1983。

[11] 中华全国总工会，中国工会运动史料全书，中国职工音像出版社，2002。

[12] 中国工运研究所，新编中国工人运动史，中国工人出版社，2016。

[13] 王永玺，中国工人运动史研究，中国工人出版社，2013。

[14] 王永玺，中国工人运动通史简编，中国工人出版社，1992。

[15] 马超俊，中国劳工运动史，商务印书馆，1942。

[16] 孙毓棠，中国近代工业史资料，科学出版社，1957。

[17] 王建初、孙茂生，中国工人运动史，辽宁人民出版社，1987。

[18] 洪安琪、何布峰，中国工人运动简史，陕西人民教育出版社，1987。

[19] 刘明逵、唐玉良，中国工人运动史，广东人民出版社，1998。

[20] 刘明逵、唐玉良，中国近代工人阶级和工人运动，中共中央党校出版社，2001。

[21] 邓中夏，中国职工运动简史（1919—1926），人民出版社，1949。

[22] 唐玉良，中国民主革命时期工人运动史略，工人出版社，1985。

[23] 中国工运学院工人运动历史研究所，中国工人运动史研究文集，中国工人出版社，2000。

[24] 陆象贤主编，中国劳动协会简史，上海人民出版社，1987。

[25] 中共中央文献研究室、中华全国总工会编，刘少奇论工人运动，中央文献出版社，1988。

［26］梁玉魁，早期中国工人运动史，吉林科学技术出版社，2000。

［27］何虎生、覃艺等，中国工运历史人物传略，中国工人出版社，2012。

［28］史兵，中国工人运动史话（第一集），工人出版社，1985。

［29］刘明逵，中国工人运动史，广东人民出版社，1998。

［30］唐玉良、王瑞峰，中国工运大事记，辽宁人民出版社，1990。

［31］中央苏区工运史征编协作小组，中央革命根据地工人运动史，改革出版社，1989。

［32］盖军、陈贤芳、张传仁，中国工人运动史教材简编（1919—1949），华东师范大学出版社，1988。

［33］高爱娣，中国工人运动史，中国劳动社会保障出版社，2008。

［34］钱传水，中国工人运动简史，安徽人民出版社，1986。

［35］王建初、熊子云，当代工人运动，辽宁人民出版社，1990。

［36］当代中国工人阶级和工会运动编辑委员会，当代中国工人阶级和工会运动，当代中国出版社，1997。

［37］中共中央党校国际工人运动史教研室，国际工人运动史，中共中央党校出版社，1988。

［38］中华全国总工会等，二七大罢工资料选编，工人出版社，1983。

［39］陈素秀，京汉铁路工人大罢工史料汇编，河南人民出版社，1999。

［40］江西省总工会、江西省档案馆，江西工人运动史料选编，江西人民出版社，1986。

［41］江西省档案馆，中央革命根据地史料选编，江西人民出版社，1982。

［42］余伯流、何友良，中国苏区史，江西人民出版社，2012。

［43］湖南工人运动史编写组，湖南工人运动史，中国工人出版社，1994。

［44］长沙市革命纪念地办公室，安源路矿工人运动史料，湖南人民出版社，1980。

［45］长沙市总工会工运史研究室，长沙工运英烈传，长沙市总工会，1985。

［46］中共萍乡市委《安源路矿工人运动》编纂组，安源路矿工人运动，中共党史资料出版社，1991。

［47］湖北省中共党史研究室，湖北革命历史文件汇集，内部印刷，1983。

［48］武汉市总工会工运史研究室，武汉工人运动史，辽宁人民出版社，1987。

［49］广东省档案馆等，广东区党、团研究史料（1921—1926），广东人民出版社，1983。

［50］广东革命历史博物馆，广州起义资料，人民出版社，1985。

［51］广州市总工会、广州工人运动史研究委员会、广州工人运动学会，广州劳工运动史话，广州出版社，2012。

［52］沈以行、姜沛南、郑庆声，上海工人运动史，辽宁人民出版社，1995。

［53］上海市社会局，近十五年来上海之罢工停业，中华书局，1933。

［54］黄逸峰、周尚文，上海工人三次武装起义，上海人民出版社，1979。

［55］沈以行、姜沛南、郑庆声，上海工人运动史，辽宁人民出版社，1991。

［56］云南省总工会工人运动史研究组，云南工运史资料汇编，云南人民出版社，1989。

［57］陕西省总工会工运史研究室，陕

甘宁边区工人运动史料选编，工人出版社，1988。

［58］中国革命博物馆，北方地区工人运动资料选编（1921—1923），北京出版社，1981。

［59］《中共中央北方局》资料丛书编审委员会，中共中央北方局（土地革命战争时期卷），中共党史出版社，2000。

［60］晋察鲁豫革命根据地工人运动史征编委员会，晋察鲁豫革命根据地工人运动史（1937.7—1949.9），中国工人出版社，1991。

［61］山东省档案馆、山东社会科学院历史研究所，山东革命历史档案资料选编（第一辑），山东人民出版社，1981。

［62］青岛市总工会工运史研究室，青岛工人运动史（1897—1949），中共党史资料出版社 1989。

［63］中共唐山市委党史办公室，唐山革命史资料汇编（第 6 辑），1972。

［64］天津市总工会工运史研究室，天津工人运动史，天津人民出版社，1989。

［65］齐武，东北工人运动史纲，中共中央党校出版社，1992。

［66］辽宁社会科学院地方党史研究所，中共满洲省委时期回忆录选编，1985。

［67］张广恩，中共满洲省委简史，辽宁社会科学院党史研究所，1987。

［68］八路军驻新疆办事处纪念馆、新疆大学中国共产党在新疆革命斗争史研究室，中国共产党在新疆革命斗争历史资料，1981。

［69］任振池、刘寒，省港大罢工研究——纪念省港大罢工六十五周年论文集，中山大学出版社，1991。

［70］中华全国总工会，中华全国总工会七十年，中国工人出版社，1995。

［71］中华全国总工会，中国特色社会主义工会发展道路学习读本，中国工人出版社，2012。

［72］中华全国总工会研究室，新时代新使命新作为——深入学习贯彻习近平同志关于工人阶级和工会工作的重要论述（第 2 版），中国工人出版社，2017。

［73］尉健行谈工会工作，中国工人出版社，2015。

［74］王永玺、赵巧萍，新编中国工会史，中国工人出版社，2013。

［75］王永玺、何布峰、曹延平，简明中国工会史，中国工人出版社，2005。

［76］王永玺，中国工会史，中共党史出版社，1992。

［77］中华全国总工会中国职工运动史研究室，中国工会历史文献，工人出版社，1958。

［78］第一次国内革命战争时期的工人运动，人民出版社，1954。

［79］中国工运研究所，中国工会读本（修订版），中国工人出版社，2014。

［80］中国工运研究所，中国工人运动简史培训教材，中国工人出版社，2015。

［81］中华全国总工会，纪念中华全国总工会成立 90 周年文集，中国工人出版社，2015。

［82］中央档案馆，中共中央文件选集，中共中央党校出版社，1982。

［83］中央档案馆，中国共产党八十年珍贵档案，中国档案出版社，2001。

［84］中共中央党史研究室，中国共产党的九十年，中共党史出版社、党建读物出版社，2016。

［85］中共中央党史研究室，中国共产党简史，中共党史出版社，2001。

［86］胡绳，中国共产党的七十年，中共

党史出版社，1991。

［87］中国社会科学院现代史研究室、中国革命博物馆党史研究室，“一大”前后，人民出版社，1980。

［88］田子渝，中国共产党创始人——李汉俊，武汉出版社，2004。

［89］李思慎，李立三之谜，人民出版社，2005。

［90］李思慎，李立三红色传奇，中国工人出版社，2004。

［91］中国人民大学政治经济学系《中国近代经济史》编写组，中国近代经济史，人民出版社，1978。

［92］陈云文集，中央文献出版社，2005。

［93］朱学范，我的工运生涯，福建人民出版社，1991。

［94］湖北省社会科学院，回忆陈潭秋，华中工学院出版社，1981。

［95］张希坡，革命根据地的工运纲领和劳动立法史，中国劳动出版社，1993。

［96］盖军，中国共产党白区斗争史，人民出版社，1996。

［97］谢振民，中华民国立法史，中国政法大学出版社，2000。

［98］许涤新、吴承明，中国资本主义发展史（第一卷），社会科学文献出版社，2007。

［99］蔡少卿，中国近代会党史研究，中国人民大学出版社，2009。

［100］[美]裴宜理，刘平译，上海罢工：中国工人政治研究，江苏人民出版社，2001。

［101］[美]费正清，张理京译，美国与中国，商务印书馆，1989。

图书在版编目（CIP）数据

中国工会的历史细节 / 高志菲等著. -- 北京：中国工人出版社，2020.8
ISBN 978-7-5008-7467-6

Ⅰ. ①中… Ⅱ. ①高… Ⅲ. ①工会运动史—中国 Ⅳ. ①K261.3

中国版本图书馆CIP数据核字（2020）第152102号

中国工会的历史细节

出 版 人	王娇萍
责任编辑	安 静 许小凡
责任印制	栾征宇
出版发行	中国工人出版社
地 址	北京市东城区鼓楼外大街45号 邮编：100120
网 址	http://www.wp-china.com
电 话	（010）62005043（总编室） （010）62005039（印制管理中心） （010）82075935（工会与劳动关系分社）
发行热线	（010）62005996 82029051
经 销	各地书店
印 刷	三河市东方印刷有限公司
开 本	880毫米×1230毫米 1/32
印 张	10.25
字 数	180千字
版 次	2020年9月第1版 2024年5月第5次印刷
定 价	48.00元